Schnelle Hilfe im Trauerfall

Bestattung regeln
Verträge kündigen
Erbe antreten oder ausschlagen
Hinterbliebenenrente beantragen

Stiftung Warentest

Sophie Mecchia
Eugénie Zobel-Kowalski

Inhalt

Sie können die Formulare auch kostenlos online ausfüllen. Den Link und einen QR-Code finden Sie auf Seite 107.

Kurzratgeber

Mit dem Tod scheint die Welt stillzustehen. Doch auch wenn Hinterbliebene jetzt ganz andere Dinge im Kopf haben – sie müssen viele Angelegenheiten schnell erledigen. Fristen laufen ab. Unfallversicherer zum Beispiel wollen binnen 48 Stunden vom Tod eines Kunden erfahren. Es gilt, einen klaren Kopf zu bewahren und Schritt für Schritt vorzugehen. Unser Kurzratgeber hilft Ihnen dabei.

Was als Erstes zu tun ist

Nach dem Tod eines Angehörigen sind eine Menge Formalitäten zu erledigen. Wir helfen Ihnen, in dieser schweren Zeit den Überblick zu bewahren, und sagen Ihnen, was wann zu tun ist. Sie finden diese Checkliste auch in Kurzform zum Heraustrennen und Abhaken im Formularteil dieses Ratgebers.

Direkt nach dem Tod

Den Totenschein ausstellen lassen

Ist ein Mensch zu Hause gestorben, müssen Angehörige oder Mitbewohner einen Arzt verständigen, der den Totenschein ausstellt. Das kann der Hausarzt sein, aber auch der ärztliche Notdienst. Im Krankenhaus, Wohn- oder Pflegeheim kümmert sich die Verwaltung darum. Der Arzt untersucht den Verstorbenen, um die Todesursache zweifelsfrei festzustellen. Er vermerkt diese und hält die Personalien, Zeitpunkt und Ort des Todes fest. Der Totenschein ist ein wichtiges Dokument. Sie brauchen ihn, um die Sterbeurkunde zu beantragen und die Bestattung zu organisieren.

Angehörige benachrichtigen

Weitere Angehörige und Freunde möchten vielleicht vom Verstorbenen Abschied nehmen. Sie sollten sie frühzeitig verständigen. Die Organisation der ersten Tage muss außerdem nicht auf den Schultern einer einzelnen Person liegen, sondern kann von weiter entfernten Angehörigen und Freunden gleichermaßen übernommen oder zumindest mitgetragen werden.

Verfügungen und Verträge suchen

Vielleicht hat der Verstorbene eine Bestattungsverfügung hinterlassen, die zum Beispiel festlegt, wo und wie er bestattet werden möchte und in welchem Rahmen die Trauerfeier stattfinden soll. Gibt es keine solche Verfügung, gilt das Bestattungsgesetz des jeweiligen Bundeslandes. Zuständig für die Organisation der Bestattung ist bei Ehepaaren zunächst der hinterbliebene Partner.

Es kann auch sein, dass der Verstorbene einen Bestattungsvorsorgevertrag abgeschlossen hat. Das ist eine Vereinbarung zwischen dem Verstorbenen und einem Bestattungsunternehmen, die die Einzelheiten der Bestattung regelt. Finden Sie einen solchen Vertrag, sollten Sie das Bestattungsunternehmen umgehend vom Todesfall in Kenntnis setzen. Siehe „Die Bestattung ist bereits bezahlt“, S. 16.

Wichtige Unterlagen bereitlegen

Für die vielfältigen organisatorischen Aufgaben, die Hinterbliebene nach dem Tod eines Angehörigen erledigen müssen, brauchen sie diverse Unterlagen: zum Beispiel den Personalausweis und die Geburtsurkunde des Verstorbenen, bei Verheirateten auch die Heiratsurkunde (siehe „Papiere bereithalten“, S. 7). Hilfreich ist es, die Unterlagen rasch zusammenzustellen, um für die anstehenden Ämtergänge gut vorbereitet zu sein.

Innerhalb der ersten zwei Tage

Bestattungsunternehmen aussuchen

Bestatter sind oft rund um die Uhr und auch an Sonn- und Feiertagen erreichbar. Sofern sich der Verstorbene nicht selbst schon für ein Bestattungsunternehmen entschieden hatte und die Angehörigen einen Bestatter beauftragen wollen, liegt die Wahl bei ihnen. Die Preisunterschiede sind erheblich. Deshalb ist es ratsam, mehrere Angebote einzuholen. Aber nicht nur der Preis spielt eine Rolle, sondern auch Ihr Eindruck von ihm: Fühle ich mich bei dem Bestatter gut aufgehoben? Siehe „Die Wahl des Bestatters", S. 18.

Aufgaben des Bestatters festlegen

Der Bestatter kann in Absprache mit den Angehörigen auch zahlreiche organisatorische Aufgaben übernehmen, die über die eigentliche Bestattung hinausgehen. Dazu gehört zum Beispiel, den Verstorbenen beim Standesamt abzumelden, die Sterbeurkunde zu beantragen oder die Trauerfeier zu organisieren. Den Umfang der Aufgaben legen die Angehörigen und das Bestattungsunternehmen vertraglich fest. Um Kosten zu sparen, können die Hinterbliebenen viele Aufgaben auch selbst übernehmen. Siehe „Den Abschied gestalten", S. 32.

Bestattungsart wählen

Im Termin mit dem Bestatter kommt auch zur Sprache, wie der Verstorbene bestattet werden soll. Wenn der Verstorbene nicht selbst bestimmt hat, wie er bestattet werden möchte, müssen die Angehörigen entscheiden. Es gibt verschiedene Bestattungsarten, zum Beispiel die traditionelle Erdbestattung, die Feuerbestattung und die Seebestattung. Sollten sich die Angehörigen in dem Moment nicht einig sein, können Sie die Art der Bestattung auch noch nach dem ersten Gespräch festlegen. Siehe „Die Bestattung auf dem Friedhof", S. 20 und „Sonderformen der Bestattung", S. 29.

Einzelheiten der Bestattung klären

Die Angehörigen wählen einen Sarg sowie gegebenenfalls eine Urne, stimmen mit dem Bestatter ab, welche Kleidung der Verstorbene tragen und welchen Umfang die Trauerfeier haben soll. Auch diese Fragen können Sie noch zu einem späteren Zeitpunkt klären. Siehe „Planung braucht Zeit", S. 32.

CHECKLISTE

Papiere bereithalten

Im Trauerfall brauchen Sie folgende Unterlagen:

- → Personalausweis des Verstorbenen
- → Totenschein
- → Geburtsurkunde des Verstorbenen
- → Bei Verheirateten: zusätzlich Heiratsurkunde beziehungsweise Familienbuch
- → Bei Geschiedenen: zusätzlich Heiratsurkunde und Scheidungsurteil
- → Bei Verwitweten: zusätzlich Heiratsurkunde und Sterbeurkunde für den bereits verstorbenen Partner

Sofern vorhanden, sollten Sie weitere Dokumente vorlegen können:

- → Chipkarte der Krankenkasse
- → Bestattungsvorsorgevertrag
- → Versicherungsunterlagen sowie Rentenversicherungsnummer
- → Grabdokumente wie Urkunden über das Nutzungsrecht einer vorhandenen Grabstätte
- → Mitgliedsausweise einer Gewerkschaft – für den Fall, dass sie ein Sterbegeld zahlt

INFO

Sonderurlaub: Zeit zum Trauern

Sterbefall. Stirbt ein naher Angehöriger, wie zum Beispiel der Lebenspartner, die Eltern, Geschwister oder das eigene Kind, müssen Arbeitnehmer dafür keinen regulären Urlaubstag in Anspruch nehmen. Sie bekommen bezahlten Sonderurlaub.

Anspruch. Der Anspruch auf Sonderurlaub ergibt sich aus Paragraf 616 des Bürgerlichen Gesetzbuches (BGB). Er regelt, dass Arbeitnehmer bezahlt freigestellt werden müssen, wenn sie unverschuldet nicht zur Arbeit kommen können, weil sie vorübergehend verhindert sind. Arbeitgeber können dieses Recht vertraglich ausschließen oder eingrenzen. Dann gilt die Regelung im Arbeitsvertrag.

Dauer. Der Arbeitnehmer hat in der Regel Anspruch auf zwei Tage Sonderurlaub, nämlich am Todestag selbst und am Tag der Beerdigung. Nach Absprache mit dem Chef können Angehörige auch mehr freie Tage erhalten – beispielsweise wenn sie für die Beerdigung eine Reise antreten müssen. Der Chef kann Hinterbliebene auch aus Kulanz unbezahlt freistellen, wenn sie keinen Anspruch auf Sonderurlaub haben.

Überführung des Toten veranlassen

Der Verstorbene muss zeitnah von seiner Wohnung, dem Krankenhaus oder Heim, in dem er gestorben ist, zur Leichenhalle auf dem Friedhof oder beim Bestatter überführt werden. Wann die Überführung spätestens stattfinden muss, regeln die Bestattungsgesetze der Bundesländer unterschiedlich: Es gilt eine Frist von 24 bis 48 Stunden nach Eintritt des Todes. Meist ist es möglich, den Verstorbenen für ein bis zwei Tage zu Hause aufzubahren, um Abschied zu nehmen. Das geht aber nur, wenn er nicht an einer meldepflichtigen Krankheit gelitten hat. Siehe „Welche Fristen gibt es?", S. 15.

Versicherungen informieren

Sofern der Verstorbene eine Lebens- oder Sterbegeldversicherung hatte, müssen Sie den Versicherer informieren – meist innerhalb von zwei Tagen nach dem Tod. Dasselbe gilt für eine Unfallversicherung. Auch die gesetzliche oder private Krankenversicherung und die gesetzliche Rentenversicherung müssen informiert werden. Siehe „Renten und Geld aus Versicherungen", S. 59.

Arbeitgeber informieren

Wenn der Verstorbene erwerbstätig war, müssen Sie auch dem Arbeitgeber Bescheid geben. Das sollten Sie schnellstmöglich erledigen.

Wohnung des Verstorbenen versorgen

Hat der Verstorbene zuletzt allein gelebt, ist es wichtig, sich um dessen Haushalt zu kümmern – vor allem, wenn es ein Haustier gibt, das versorgt werden muss. Sie sollten Strom, Gas und Wasser abstellen.

Den Tod beim Standesamt anzeigen

Wenn jemand stirbt, muss das Standesamt informiert werden. Ist der Tod zu Hause eingetreten, trifft diese Pflicht in erster Linie die Personen, die mit dem Verstorbenen zusammengelebt haben. Die Mitteilung muss spätestens am dritten Werktag nach dem Tod erfolgen: persönlich beim Standesamt, in dessen Zuständigkeitsbereich die Person verstorben ist. Oft übernimmt der Bestatter diese Aufgabe. Er kann die Anzeige auch schriftlich ausführen.

Beim Tod im Krankenhaus, im Alten- oder Pflegeheim oder einer ähnlichen Einrichtung muss der Träger der Einrichtung das Standesamt vom Sterbefall unterrichten.

Die Sterbeurkunde beantragen

Die Sterbeurkunde ist das amtliche Dokument, das den Tod einer Person bescheinigt. Ist ein Bestatter beauftragt, kümmert meist er sich um die Beantragung der Urkunde beim Standesamt. Dafür muss er den Totenschein sowie den Personalausweis und die Geburtsurkunde des Verstorbenen vorlegen. Abhängig vom Familienstand kommen weitere Dokumente dazu (siehe „Papiere bereithalten", S. 7). Angehörige benötigen mehrere Ausfertigungen der Sterbeurkunde, zum Beispiel für die Bestattung, die Krankenkasse und die gesetzliche Rentenversicherung.

Zwei bis drei Tage nach dem Tod

Testament abgeben

Wer ein Testament findet, ist gesetzlich verpflichtet, es unverzüglich nach Kenntnis vom Todesfall beim Nachlassgericht am letzten Wohnort des Verstorbenen abzugeben. Das gilt für alle Schriftstücke, die einen letzten Willen darstellen können. Erst das Gericht entscheidet, ob ein Schriftstück als Testament anzusehen und ob es rechtsgültig ist.

Der Finder kann das Testament beim zuständigen Nachlassgericht persönlich abgeben. Das ist der sicherste Weg. Er kann das Testament aber auch dorthin schicken – dann aber unbedingt per Einschreiben mit Rückschein. Siehe „Testamente abgeben", S. 45.

Bankvollmacht suchen

Hat der Verstorbene zu Lebzeiten eine Bankvollmacht ausgestellt, kann der Bevollmächtigte auf dessen Konto zugreifen und den Kontostand und Zahlungsverkehr einsehen. Eine Kontovollmacht kann auch Teil einer Vorsorgevollmacht sein. Laufenden Zahlungsverkehr sollten die Angehörigen prüfen und gegebenenfalls stoppen. Siehe „Zugang zu Konten bekommen", S. 76.

Eigentum des Verstorbenen abholen

Hat der Verstorbene im Pflegeheim oder einer ähnlichen Einrichtung gelebt, müssen Sie zeitnah sein Eigentum abholen.

Friedhof und Grab auswählen

Wenn der Verstorbene seine Wünsche zu Friedhof und Grab nicht festgehalten oder gar bereits in die Wege geleitet hat, liegt die Entscheidung darüber bei den Angehörigen. Ob sich ihre Vorstellungen umsetzen lassen, hängt zum Beispiel davon ab, auf welchem Friedhof der Verstorbene bestattet werden soll und ob es dort noch freie Gräber der gewünschten Art gibt, etwa Reihengrab oder Wahlgrab. Angehörige oder Bestatter sollten sich mit der Verwaltung des betreffenden Friedhofs in Verbindung setzen, um diese Fragen zu klären. Siehe „Die Bestattung auf dem Friedhof", S. 20.

Termin für die Bestattung vereinbaren

Die Hinterbliebenen oder der Bestatter müssen mit der Friedhofsverwaltung einen Termin für die Bestattung festlegen. Um den Verstorbenen zu beerdigen oder einäschern zu lassen, bleiben je nach Bundesland nur vier bis zehn Tage Zeit. Die Frist steht im Bestattungsgesetz des jeweiligen Bundeslandes. Feiertage und Wochenenden zählen bei der Berechnung der Frist nicht mit.

In den meisten Bundesländern kann eine Beisetzung frühestens 48 Stunden nach Eintritt des Todes stattfinden. Lediglich in Baden-Württemberg und Nordrhein-Westfalen gelten kürzere Fristen. Für die Beisetzung einer Urne bleiben einige Wochen Zeit. Siehe „Welche Fristen gibt es?", S. 15.

Vor der Bestattung

Den Nachlass sichten

Sie sollten frühzeitig damit beginnen, den Nachlass zu sichten – auch um die Finanzierung der Bestattung klären zu können. Häufig nutzen die Hinterbliebenen hierfür Geld aus dem Nachlass. Aufschluss über das Vermögen des Verstorbenen geben in erster Linie dessen Konten. Ohne Bankvollmacht haben Sie zwar keinen Zugriff darauf. Wenn Sie Erbe sind, haben Sie aber einen Auskunftsanspruch gegen die Bank.

Die Erben können die Erbschaft beim Nachlassgericht ausschlagen, etwa weil der Verstorbene Schulden hatte. Die Bestattungskosten tragen Angehörige oft dennoch. Siehe „Wer trägt die Kosten?“, S. 15.

Die Trauerfeier planen

Bei der Planung der Trauerfeier kommt es zunächst darauf an, ob sie religiös oder weltlich gestaltet werden soll. Außerdem müssen Sie überlegen, welchen Rahmen die Trauerfeier haben und wer eingeladen werden soll.

Oft findet die Trauerfeier vor der Beisetzung in einer Friedhofskapelle statt. Es ist aber auch möglich, Räumlichkeiten des gewählten Bestattungsinstituts zu nutzen.

Trauerfeier und Bestattung müssen nicht am selben Tag stattfinden. Es besteht zum Beispiel die Möglichkeit, die Trauerfeier am Wohnort des Verstorbenen auszurichten, während die Bestattung an einem anderen Ort stattfindet. Auch kann das Begräbnis im großen Kreis stattfinden und die Trauerfeier nur unter Angehörigen oder umgekehrt. Siehe „Den Abschied gestalten“, S. 32.

Gespräch mit Geistlichem führen

Im Gespräch mit dem Geistlichen oder dem Trauerredner besprechen Sie, wie der Verstorbene gewürdigt werden und wie die Trauerfeier ablaufen soll. Die Hinterbliebenen können die Feier nach eigenen Wünschen oder nach den Vorstellungen des Verstorbenen gestalten. Siehe „Den Abschied gestalten“, S. 32.

Trauerbriefe und -anzeigen drucken

Wenn alle Termine und der Ort für die Beisetzung feststehen, geht es daran, die Trauerbriefe zu drucken und zu versenden. Je nachdem, in welchem Rahmen Beisetzung und Trauerfeier stattfinden sollen, schicken Sie die Briefe an weitere Verwandte, Freunde, Bekannte und gegebenenfalls Kollegen des Verstorbenen.

Sie haben außerdem die Möglichkeit, eine Traueranzeige in der Zeitung zu schalten. Das geht oft unkompliziert über die Internetseite der Zeitung. Siehe „Trauerkarten“ und „Zeitungsanzeigen“, S. 33.

Blumen beim Floristen bestellen

Üblich sind Kränze oder Gebinde, aber letztlich liegt die Entscheidung über Blumen in der Trauerhalle oder am Grab bei Ihnen. Viele Floristen haben spezielle Angebote für Grabschmuck.

Manchmal entscheiden sich die Hinterbliebenen dafür, auf Kränze und Gebinde zu verzichten und stattdessen wohltätige Zwecke zu unterstützen, zum Beispiel die Krebshilfe. Solch einen Wunsch können Sie der Trauergemeinde in der Einladung zum Begräbnis oder in der Traueranzeige mitteilen.

Restaurant für Trauermahl reservieren

Nach Trauerfeier und Beisetzung findet das Trauermahl statt, zu dem üblicherweise die Angehörigen einladen. Vom gemeinsamen Kuchen- bis Abendessen ist alles möglich. Wenn Sie ins Café oder Restaurant bitten, sollten Sie frühzeitig reservieren – am besten in einem separaten Raum.

Nach der Bestattung

Dokumente ordnen

Viele Dokumente, die Sie nach dem Tod Ihres Angehörigen erhalten haben oder vorlegen mussten, benötigen Sie auch in den folgenden Wochen oder Monaten. Es ist hilfreich, sie gesammelt abzulegen.

Hinterbliebenenrente beantragen

Ist Ihr Ehepartner verstorben, müssen Sie die Hinterbliebenenrente bei der Rentenversicherung beantragen. In den ersten drei Monaten nach dem Tod, dem Sterbevierteljahr, wird Ihnen die Rente des Verstorbenen in voller Höhe ausgezahlt. Sie können diesen Vorschuss auf die Hinterbliebenenrente innerhalb eines Monats beim Rentenservice der Deutschen Post beantragen. Siehe „Witwen- und Waisenrente", S. 67.

Verträge kündigen

Spätestens nach der Bestattung sollten Sie die Verträge des Verstorbenen kündigen. Dazu gehören Verträge mit Versicherungen und Verträge des täglichen Lebens, zum Beispiel mit dem Stromanbieter oder Telekommunikationsunternehmen. Siehe „Bankgeschäfte und Verträge", S. 75.

Erbschein beantragen

Einen Erbschein sollten Sie beispielsweise dann beantragen, wenn nur ein eigenhändiges Testament existiert oder Sie durch gesetzliche Erbfolge zum Erben wurden. Den Antrag für den Schein müssen die Erben beim Nachlassgericht stellen. Siehe „Wie beantrage ich ihn?", S. 42.

Danksagungen versenden

Ein paar Wochen nach der Beisetzung sollten Sie sich für die Beileidsbekundungen bedanken, wenn Sie das möchten: per Inserat in der Zeitung oder in persönlichen Karten oder Briefen.

Wohnung räumen

Lebte der Verstorbene in einer Mietwohnung, müssen Sie die Wohnung räumen, den Vertrag kündigen und gegebenenfalls renovieren. Siehe „Den Mietvertrag kündigen", S. 81.

Bestattung

Die Beisetzung ist ein zentraler Moment im Prozess des Abschiednehmens. Hat der Verstorbene Wünsche zur Bestattung geäußert, kann das Angehörigen die Organisation erleichtern, etwa wenn es um die Art und den Ort der Beisetzung geht. Hat der Verstorbene nichts geregelt, entscheiden die nahen Angehörigen. Sie tragen oft auch die Kosten der Beerdigung.

Wer ist für die Bestattung zuständig?

Bestattungsrecht. Bestattungsgesetze der Bundesländer regeln Zuständigkeiten und Fristen. Die Kosten der Beisetzung tragen meist die Angehörigen.

Viele Menschen haben schon zu Lebzeiten Details zu ihrer eigenen Bestattung geregelt. Sie können ihre Wünsche schriftlich in einer Bestattungsverfügung oder einem Vorsorgevertrag erläutert haben. Oder sie haben vielleicht ihre Wünsche in einem Gespräch geäußert. Egal, ob ein Verstorbener ein Schriftstück hinterlassen hat oder seine Wünsche nur mündlich, etwa im Rahmen einer Familienfeier, formuliert hat – sie sind für die Angehörigen bindend. Sie müssen die Vorstellungen des Verstorbenen umsetzen, sofern sie nicht gegen die Vorschriften der Bestattungsgesetze verstoßen.

Hinterbliebene, die sich nicht sicher sind, ob der Verstorbene eine Bestattungsverfügung aufgesetzt hat, schauen am besten als Erstes in sein Familien- oder Stammbuch oder in den Ordner, in dem er auch die Geburtsurkunde aufbewahrt hat. Vielleicht wissen auch die engsten Freunde des Verstorbenen, ob es eine Verfügung gibt.

Wer kümmert sich?

Wenn eine Verfügung oder ein Vorsorgevertrag vorliegt, sollten die Hinterbliebenen zuerst nachsehen, wem die Totenfürsorge übertragen wurde. Diese Person muss dann die gesamte Beisetzung organisieren, selbst wenn sie keine nahe Angehörige ist, sondern eine gute Freundin oder die Nachbarin. Sie darf dann auch den Nutzungsvertrag für die Grabstätte abschließen. Oft wurde dem Totenfürsorgeberechtigten eine Kopie der Bestattungsverfügung ausgehändigt. Manchmal hat er die Verfügung gemeinsam mit dem Verstorbenen unterschrieben.

Hat der Verstorbene niemandem die Aufgabe übertragen, sich um die Bestattung zu kümmern, müssen die Angehörigen für die Bestattung sorgen. Das Bestattungsgesetz des jeweiligen Bundeslandes bestimmt die Rangfolge der Bestattungspflichtigen: Verantwortlich ist immer der Ehe- oder eingetragene Lebenspartner, dann die volljährigen Kinder, dann meist die Eltern. Gibt es weder Ehepartner noch Kinder und sind die Eltern verstorben, müssen Geschwister für die Bestattung sorgen. Möchte der erste Zuständige sich nicht kümmern, können das die nachrangigen Angehörigen übernehmen. Auch der nichteheliche Partner kann die Bestattung veranlassen, wenn es dem Willen des Verstorbenen entspricht. Eine ausdrückliche Bestattungspflicht für Lebensgefährten sehen nur wenige Bundesländer vor.

Die Entscheidung über Art und Ort der Bestattung steht in erster Linie dem Verstorbenen selbst zu. Sofern er seine Wünsche zu Lebzeiten geäußert hat, sollten sich die Angehörigen daran halten. Hat der Verstorbene das nicht getan, kommt es auf seinen mutmaßlichen Willen an. Wenn dieser nicht erkennbar ist, entscheiden die nächsten Angehörigen über die Art der Bestattung, die letzte Ruhestätte und den Rahmen für die Trauerfeier. Auch für diese Fragen gilt die Reihenfolge, die die Bestattungsgesetze festlegen: Gibt es einen Ehepartner oder eingetragenen Lebenspartner, liegt die Entscheidung bei ihm. Dann folgen die volljährigen Kinder, die Eltern oder Geschwister.

Manchmal kommt es zum Streit über den Ort der Bestattung, den feierlichen Rahmen oder die Bestattungsart. Hat der Verstorbene seine Wünsche geäußert, ist die Sache klar: Sie sind zu erfüllen. Gibt es keine Regelung und ist kein mutmaßlicher Wille erkennbar, hat der Angehörige das letzte Wort, der laut Gesetz zur Bestattung verpflichtet ist.

Die Wünsche des Verstorbenen

Die Wünsche des Verstorbenen sind bindend. Verstoßen seine Vorgaben aber gegen geltendes Recht, müssen sich die Angehörigen über sie hinwegsetzen. So darf etwa die Asche eines Verstorbenen nicht auf dessen Kaminsims stehen, selbst wenn er es sich gewünscht hat.

Manchmal entscheiden Angehörige sich auch dagegen, den Willen des Verstorbenen umzusetzen – etwa weil sie keine Feuerbestattung möchten. Rechtlich ist das meist kein Problem, weil es niemanden gibt, der die Einhaltung der Verfügung fordert.

Welche Fristen gibt es?

Es gibt zwei Fristen, die für die Bestattung wichtig sind. Zum einen darf der Verstorbene nur eine bestimmte Zeit am Sterbeort bleiben, also zum Beispiel in der eigenen Wohnung oder im Krankenhaus. Zum anderen muss auch die Bestattung innerhalb einer bestimmten Frist stattfinden.

Wann der Leichnam zur Leichenhalle auf dem Friedhof oder beim Bestatter überführt werden muss, hängt vom jeweiligen Landesrecht am Sterbeort ab. Die Frist kann zwischen 24 und 48 Stunden betragen. Fragen Sie im Zweifel am besten den Bestatter oder den Arzt im Krankenhaus. Sie werden sicherlich wissen, welche Frist in ihrem Bundesland gilt.

Die Überführung unterliegt strengen gesetzlichen Regeln: Der Verstorbene muss in einem Sarg und einem Bestattungswagen transportiert werden. Um ihn beerdigen oder einäschern zu lassen, bleiben je nach Bundesland nur vier bis zehn Tage Zeit. Eine Urne muss innerhalb von wenigen Wochen nach der Feuerbestattung beigesetzt werden.

Wer trägt die Kosten?

Die Kosten einer Bestattung müssen aus dem Vermögen des Verstorbenen bezahlt werden. Der Erbe kommt also dafür auf. Erbe und Bestattungspflichtiger sind nicht unbedingt identisch. Der Verstorbene kann zum Beispiel das Kind von Freunden zum Erben gemacht haben. Die Bestattungspflicht trifft dennoch einen nahen Angehörigen. In solchen Fällen organisiert dieser Angehörige die Bestattung und kommt zunächst für die Kosten auf. Das Geld dafür kann er dann vom Erben verlangen. Der Anspruch ist aber nicht unbegrenzt. Die Beerdigungskosten müssen auf den Aufwand beschränkt sein, der zum sozialen Status und den persönlichen Verhältnissen des Verstorbenen passt.

Wenn der Erbe Schulden erwartet, schlägt er die Erbschaft in der Regel aus. Schlägt er sie aus, ändert das allerdings oft nichts daran, dass er trotzdem die Kosten für die Bestattung zahlen muss – nämlich dann, wenn er nicht nur Erbe, sondern auch unterhalts- oder bestattungspflichtiger Angehöriger ist. Eine Unterhaltspflicht haben Eltern für ihre Kinder und umgekehrt. Schlagen alle Erben aus und gibt es keine unterhaltspflichtigen Angehörigen, müssen jene zahlen, die durchs Gesetz zur Bestattung

INFO

Die Bestattung ist bereits bezahlt

Viele schließen zu Lebzeiten mit einem Bestattungsunternehmen einen Vorsorgevertrag ab. Der Vertrag regelt alle Details der Beisetzung, beispielsweise Sarg, Blumen, Trauerfeier und Ort der Ruhestätte. Außerdem enthält er eine detaillierte Kostenaufstellung der Einzelleistungen und nennt eine Endsumme. Der Verstorbene hat diesen Betrag schon zu Lebzeiten bezahlt – oder eine Sterbegeldversicherung in Höhe der Endsumme abgeschlossen und die Versicherungssumme an den Bestatter abgetreten.

Solche vorsorgenden Kunden erhalten oft eine Vorsorge-Card im Scheckkartenformat, die sie immer bei sich tragen sollen. Die Karte weist auf die vorhandene Vorsorge hin. Viele Bestatter empfehlen zudem, Angehörige über den Vertrag zu informieren. Sollte der Verstorbene zuletzt in einem Pflegeheim gelebt haben, weiß häufig die dortige Leitung, ob es einen Vorsorgevertrag gibt.

Was passiert, wenn Sie den Vorsorgevertrag nicht rechtzeitig finden und einen anderen Bestatter beauftragt haben? Dann erhält der Bestatter, mit dem der Vertrag geschlossen wurde, trotzdem etwas Geld: In Verträgen ist oft von pauschaliertem Schadenersatz zwischen 10 und 20 Prozent die Rede. Sie beziehen sich auf die gesamten Bestattungskosten oder auf die entgangene Eigenleistung. Die Höhe des Ausfallbetrags muss angemessen sein. Ob dies bei 20 Prozent der Fall ist, ist offen. Bislang liegen dazu kaum Urteile vor. Das Amtsgericht Hamburg urteilte, dass eine Pauschale von 12,5 Prozent angemessen sei (Az. 21b C 527/99).

Haben Sie bestimmte Wünsche, zum Beispiel für die Trauerfeier, die im Vorsorgevertrag Ihres Angehörigen nicht geregelt sind, sollten Sie den Bestatter ansprechen.

verpflichtet sind. Wenn zum Beispiel die Schwester des Verstorbenen als einzige Angehörige das Erbe ausschlägt, muss sie trotzdem die Kosten für seine Beisetzung übernehmen.

Wenn das Geld fehlt

Nicht immer ist genug Geld für die Beisetzung da. Bestattungspflichtige, die in schwierigen finanziellen Verhältnissen leben, können beim Sozialhilfeträger einen Antrag auf Kostenübernahme stellen. Die Voraussetzungen für eine Sozialbestattung stehen im Sozialgesetzbuch: „Der Sozialhilfeträger übernimmt die erforderlichen Kosten einer Bestattung, soweit den hierzu Verpflichteten nicht zugemutet werden kann, die Kosten zu tragen.“ (Paragraf 74 SGB XII). Es kommt also auf die finanzielle Situation desjenigen an, der für die Bestattung aufkommen muss. Der Verstorbene selbst muss keine Sozialhilfe bezogen haben.

Die Kostenübernahme ist in der Regel dann unzumutbar, wenn die Bestattung nicht aus dem Nachlass gedeckt werden kann. Dabei müssen die persönlichen und wirtschaftlichen Verhältnisse des Verpflichteten berücksichtigt werden. So kann es zum Beispiel dem reichen Enkel zuzumuten sein, die Kosten zu tragen, selbst wenn der Nachlass seines Großvaters nichts wert ist.

Sind die Voraussetzungen für eine Sozialbestattung erfüllt, muss der örtliche Sozialhilfeträger zahlen, in dessen Bereich der Bestattungsort liegt. Er übernimmt nur die Kosten, die erforderlich sind. Das sind Ausgaben für eine einfache, ortsübliche, aber würdige Erd- oder Feuerbestattung.

Bei einem Unfalltod

Wenn der Verstorbene durch einen Unfall ums Leben gekommen ist, an dem eine andere Person schuld war, muss diese dem Erben die Kosten für die Bestattung ersetzen. Es gilt allerdings die Einschränkung, dass die Kosten angemessen gewesen sein müssen. Der Unfallverursacher beziehungsweise dessen Versicherung muss also nicht unbedingt alle Ausgaben übernehmen, die angefallen sind. Zahlen muss sie zum Beispiel die Reisekosten des Bestattungspflichtigen, die Kosten der kirchlichen Feier und des Trauermahls, Sterbeurkunden, Traueranzeigen und Danksagungen sowie den Grabstein und dessen Aufstellung. Nicht erstattungsfähig sind zum Beispiel der Dienstausfall von Angehörigen und die Kosten, die Angehörigen bei der Anreise zur Beerdigung entstehen.

Wenn keiner sich zuständig fühlt

Es kommt immer wieder vor, dass sich niemand um die Bestattung kümmern will, zum Beispiel, weil die Familie mit dem Verstorbenen heillos zerstritten war. Wenn niemand die Bestattung veranlasst, ermittelt das Ordnungsamt des Sterbeortes umgehend die Angehörigen und fordert diese schriftlich auf, ihre Bestattungspflicht innerhalb einer bestimmten Frist zu erfüllen. Die Bestattungsgesetze der Länder schreiben vor, in welcher Zeit der Verstorbene spätestens bestattet werden muss. Verstreicht die Frist, ohne dass sich die Angehörigen um die Abholung des Verstorbenen kümmern oder einen Bestatter beauftragen, veranlasst das Ordnungsamt eine ordnungsbehördliche Bestattung, die meist auf einfachstem Niveau stattfindet. Die Kosten dafür kann das Ordnungsamt den bestattungspflichtigen Angehörigen in Rechnung stellen.

Auch wenn es keine Angehörigen gibt oder diese auf die Schnelle nicht auffindbar sind, veranlasst das Ordnungsamt eine Bestattung. Ordnungsbehördliche Bestattungen werden von Bestattungsunternehmen ausgeführt, die bei einer öffentlichen Ausschreibung das günstigste Angebot unterbreitet haben. In der Regel sind es Feuerbestattungen mit anschließender anonymer Beisetzung ohne Trauerfeier.

Die Wahl des Bestatters

Der passende Dienstleister ist entscheidend für die Trauerzeremonie. Er kann auch helfen, die schwere Zeit zu bewältigen.

Eine Beisetzung zu organisieren, ist für viele Angehörige ein emotionaler Kraftakt. Zunächst ist da die schwierige Aufgabe, Freunden und Verwandten die Todesnachricht zu überbringen. Ein Friedhof muss gewählt, ein Termin für die Bestattung festgelegt werden. Für die sorgfältige Wahl eines Bestatters scheint inmitten dieser ganzen Aufgaben kaum Zeit zu sein. Dabei ist es wichtig, die Entscheidung für einen Dienstleister bewusst zu treffen.

Nach Angaben des Bundesverbandes Deutscher Bestatter sind rund 4000 Bestattungsunternehmen in Deutschland niedergelassen. Seit rund 15 Jahren gibt es eine staatlich anerkannte Ausbildung zur Bestattungsfachkraft, außerdem Weiterbildungen zum IHK-geprüften Bestattungsfachwirt. Allerdings sind weder Berufsabschluss noch Teilnahme an Fortbildungen Voraussetzung, um sich in der Branche selbstständig zu machen. Dazu genügt ein Gewerbeschein, der in einigen Kommunen bereits gegen eine Gebühr von 15 Euro ausgestellt wird.

Krankenhäuser und Polizei kooperieren häufig mit bestimmten Bestattern, die sich mitunter auch um die Aufbewahrung der Toten kümmern. Ist jemand verstorben, bekommen Angehörige manchmal die Empfehlung, diese Firmen zu beauftragen. Diesem Rat folgen muss niemand, jeder kann einen Dienstleister nach Wahl engagieren.

Immer wieder gibt es auch Negativschlagzeilen über unseriöse Bestatter. Hintergrund sind oft undurchsichtige Kostenaufstellungen oder falsch abgerechnete Posten. So wurde etwa bei einer Feuerbestattung Angehörigen ein teurer Sarg in Rechnung gestellt, der dann bei der Einäscherung, bei der oftmals kein Zeuge anwesend ist, gegen das billigste Modell umgetauscht wurde.

UNSER RAT

Einen Bestatter finden

Auswahl. Erkundigen Sie sich zunächst in der Nachbarschaft, ob jemand einen zuverlässigen Bestatter kennt. Ehe Sie eine Entscheidung treffen, sollten Sie mehrere Dienstleister besuchen. Hören Sie dabei auch auf Ihr Bauchgefühl. Sie werden mit dem Bestatter vermutlich auch Dinge besprechen, deshalb ist gegenseitige Sympathie wichtig.

Kosten. Lassen Sie sich einen unverbindlichen Kostenvoranschlag geben, bevor Sie einen Bestatter beauftragen. Unverständliche Posten sollten Sie sich erklären lassen.

Unterschiedliche Gütesiegel

Ein Anhaltspunkt bei der Suche nach einem seriösen Bestatter kann ein Gütesiegel sein. Der Bundesverband Deutscher Bestatter hat das Markenzeichen „Bestatter – vom Handwerk geprüft“ an 1000 Dienstleister verliehen, die festgelegte Anforderungen erfüllen. Dazu gehört, dass die Bestatter rund um die Uhr erreichbar, ihre Mitarbeiter speziell ausgebildet sind und ihre Preisgestaltung klar und nachvollziehbar ist. Die Verbraucherinitiative Aeternitas legt für ihr Gütesiegel „Qualifizierter Bestatter“, das derzeit 143 Betriebe führen, ähnliche Maßstäbe an. Weitere Gütesiegel werden von anderen Verbänden wie der Bundesfachgruppe Bestatter oder den Innungen vergeben. Mitunter sind die Kriterien für die Vergabe schwer nachvollziehbar. So kann dahinter auch nur eine Mitgliedschaft im herausgebenden Verband stecken.

Nicht vorschnell entscheiden

Persönliche Empfehlungen können bei der Suche nach einem Bestatter ebenfalls weiterhelfen. Sinnvoll ist es, sich zunächst in der Nachbarschaft umzuhören, wer Erfahrungen mit den Dienstleistern vor Ort hat. Für den Bestatter nebenan spricht einiges: Oft sind die Profis in der näheren Umgebung gut vernetzt und kennen Geistliche, Gastronomen oder Blumenläden seit Jahren persönlich. Außerdem ist zu bedenken, dass für die Vorbereitung der Beisetzung häufig mehrere Besuche beim Bestatter nötig sind.

Am besten wäre es, eine Vorauswahl von mindestens drei Bestattungsunternehmen zu treffen und diese aufzusuchen, auch wenn das mühselig ist. Sich ein Bild von den Dienstleistern zu machen und Kostenvoranschläge einzuholen, ist keineswegs pietätlos, sondern mittlerweile üblich. Auch die Sympathie sollte bei der Wahl mit entscheiden. Die Planung von Zeremonie und Feier dauert meist mehrere Stunden. Vertrauen in die Arbeit eines Bestatters zu haben, kann in der traurigen und anstrengenden Zeit nach dem Verlust eines Menschen helfen.

Vollständig auf die Dienste eines Bestatters zu verzichten, ist kaum möglich. Es gibt zwar keine gesetzliche Vorschrift, nach der ein Beerdigungsinstitut beauftragt werden muss. Doch Sie müssen sich an die Fristen und Vorgaben des Bestattungsrechts halten. Die Überführung und Aufbewahrung des Leichnams müssen Profis übernehmen. Alle anderen organisatorischen Aufgaben von der Buchung der Trauerhalle bis zum Bestellen des Blumenschmucks können Sie aber auch selbst regeln.

Wichtige Dokumente

Auf Wunsch übernehmen Bestatter bürokratische Aufgaben: Sie beantragen die Sterbeurkunde oder melden Verstorbene bei Versicherungen ab. Wichtig ist es, vorab zu klären, ob und wie viel der Service extra kostet. Folgende Dokumente sollten Sie dann für einen Bestatter bereithalten:

Sterbeurkunde. Bestattungen sind hierzulande nur möglich, wenn eine Sterbeurkunde vorliegt. Ausgestellt werden die Urkunden von den Standesämtern. Bestatter können sie beantragen, wenn sie eine Vollmacht und die nötigen Dokumente haben: den Totenschein des Arztes, den Personalausweis und die Geburtsurkunde des Verstorbenen. Bei verheirateten Verstorbenen ist zusätzlich die Heiratsurkunde nötigt, bei verwitweten die Sterbeurkunde des Partners, bei geschiedenen die Scheidungsurkunde. Falls die Unterlagen nicht vollständig sind, kann eine Abschrift aus dem Familienbuch beim Standesamt beantragt werden.

Gesundheitskarte. Auf Wunsch schicken Bestatter die Gesundheitskarte an die Krankenkasse und melden den Verstorbenen ab.

Rentenversicherungsnummer. Für die Abmeldung bei der Rentenversicherung ist die zwölfstellige Rentenversicherungsnummer nötig. Sie steht auf dem Sozialversicherungsausweis. Falls Hinterbliebenenrente zusteht, können Bestatter eine Beratung durch die Deutsche Rentenversicherung veranlassen.

Grabunterlagen. Wenn der Verstorbene in einem Familiengrab beigesetzt werden soll, benötigen Bestatter Angaben zu Grabnummer und -lage.

Die Bestattung auf dem Friedhof

Teure Erdbestattungen werden seltener. Die Nachfrage nach Feuerbestattungen und alternativen Beisetzungen wächst.

Wenn Beerdigungen für Film oder Fernsehen inszeniert werden, dann ähneln sich die Szenen meist. Die Trauergesellschaft steht am offenen Grab, die Sargträger lassen den Sarg in das Erdloch sinken. Doch in der Realität werden solche Zeremonien immer seltener. So ist der Anteil der Feuerbestattungen in den alten Bundesländern von 7,5 Prozent im Jahr 1950 auf 60 Prozent im Jahr 2015 gestiegen. Heute sind Feuerbestattungen die häufigste Bestattungsart in Deutschland. Urnengräber sind preisgünstiger als Erdgräber und der Pflegeaufwand ist geringer, weil sie kleiner sind.

Die Bundesländer Berlin, Brandenburg, Bremen, Mecklenburg-Vorpommern, Nordrhein-Westfalen und Thüringen erlauben sogar die Ascheverstreuung auf Friedhöfen. Die Asche der Verstorbenen wird auf dafür vorgesehenen Rasenflächen oder Beeten verstreut. Mitunter sind auf den Streuflächen nur anonyme Bestattungen möglich, manchmal wird auf Grabmälern an die Verstorbenen erinnert.

Auch die Nachfrage nach alternativen Bestattungsmöglichkeiten wie Memoriam-Gärten wächst. Dort sind Gräber Teil einer kleinen Parkanlage mit Blumenbeeten, Gedenksteinen und Bänken. Die Namen und biografischen Daten der Verstorbenen werden meist auf einheitlich gestalteten Grabsteinen genannt. Der wichtigste Unterschied zu üblichen Bestattungen: Die gesamte Anlage wird von Gärtnern gestaltet und gepflegt. Dazu wird die Grabpflege entweder über einen bestimmten Zeitraum wie 20 Jahre vorab bezahlt oder ein Vertrag über die Gartenpflege geschlossen.

Seit der Jahrtausendwende ist in Deutschland auch die Beisetzung in Bestattungswäldern möglich, auch Ruheforst genannt. Die Asche eines Verstorbenen wird dort in einer biologisch abbaubaren Urne im Wurzelbereich von Bäumen beigesetzt. Mittlerweile gibt es rund 160 solcher Anlagen in Deutschland. Grabmäler gibt es in Bestattungswäldern nicht. Angehörige können mit Plaketten an den Bäumen oder Schildern im Boden an den Verstorbenen erinnern.

Welchen Friedhof wählen?

Äußerte der Verstorbene keine Wünsche, können bei der Wahl des Bestattungsortes praktische Erwägungen eine Rolle spielen: Gibt es eine Grabstätte, die weiter genutzt werden kann? Für welches Familienmitglied sind die Grabbesuche sehr wichtig, ist der Friedhof gut zu erreichen? Auch die Friedhofskosten können ein Kriterium sein. Sie unterscheiden sich von Stadt zu Stadt und sind abhängig von der Beisetzungsform (siehe „Kosten von Friedhof und Grabpflege“, S. 24). Sarg- und Urnengräber verpflichten zur Pflege. Kann kein Angehöriger das übernehmen, müsste ein Gärtner gegen Entgelt beauftragt werden. Oder die Familie entscheidet sich für ein Grab ohne Pflegeaufwand, sofern das auf einem Friedhof in der Nähe angeboten wird.

Grundsätzlich kann sich jeder überall beisetzen lassen. Eine kleine Gemeinde mit begrenztem Platz kann aber bestimmen, dass Ortsfremde nur ausnahmsweise beerdigt werden. Ein konfessioneller Träger kann bestim-

Grabarten auf Friedhöfen im Vergleich

Je nach Grabart unterscheiden sich Kosten und Pflegeaufwand oft erheblich.

Grabart	Vorteile	Nachteile
Erdbestattung		
Wahlgrab	Freie Wahl von Größe und Lage. Beisetzung zusätzlicher Särge/Urnen möglich (Familiengrab), Nutzungsrecht verlängerbar	Teuer, Pflicht zur Grabpflege
Reihengrab	Preiswerter als ein Wahlgrab	Größe und Lage nicht wählbar, Nutzungsrecht kann nicht verlängert werden, kein Vorauserwerb, Pflicht zur Grabpflege
Gemeinschaftsgrab	Preiswert	Größe und Lage oft nicht wählbar, Nutzungsrecht nur eventuell verlängerbar
Feuerbestattung		
Wahlgrab	Größe und Lage wählbar, Beisetzung mehrerer Urnen, Nutzungsrecht verlängerbar	Teuer, Pflicht zur Grabpflege
Reihengrab	Preiswerter als ein Wahlgrab	Größe und Lage nicht wählbar, nur für eine Urne, Nutzungsrecht kann nicht verlängert werden, Pflicht zur Grabpflege
Urnenwände, Urnenhallen	Lage meist wählbar, individuelle Kennzeichnung, Nutzungsrecht meist verlängerbar, keine Pflicht zur Grabpflege	Ablegen von Blumen und Aufstellen von Grablichtern oft nicht erwünscht
Gemeinschaftsgrab	In unterschiedlichen Preiskategorien verfügbar, keine Pflicht zur Grabpflege	Größe und Lage nur teilweise wählbar, Nutzungsrecht nur eventuell verlängerbar, Grabstätten zum Teil anonym

men, dass der Friedhof nur Mitgliedern seiner Glaubensrichtung offensteht. Prinzipiell gilt aber in Deutschland Religionsfreiheit. Bestattungen nach anderen Riten sind zugelassen. In Städten gibt es häufig jüdische Friedhöfe. Auf einigen städtischen und kirchlichen Friedhöfen sind Gräberfelder für muslimische Bestattungen vorgesehen. Bei Muslimen ist die Beisetzung im Leichentuch eigentlich innerhalb von 24 Stunden vorgeschrieben, was sich allerdings oft nicht einhalten lässt.

Sternenkinder

Sternenkinder, also Tot- oder Fehlgeburten, können auf Wunsch bestattet werden – in Bremen erst nach der 12. Schwangerschaftswoche, in Hessen erst nach Ablauf des sechsten Schwangerschaftsmonats. Die Pflicht, Föten zu bestatten, beginnt in den meisten Ländern ab einem Geburtsgewicht von 500 bis 1 000 Gramm.

Was ist bei Grabgestaltung und -pflege zu beachten?

Jede Friedhofssatzung macht Vorgaben für die Grabgestaltung. So kann sie Größe, Tiefe, Höhe und Material des Grabsteines, Art und Anordnung von Inschriften und Symbolen und die Gestalt von Grabeinfassungen vorschreiben. Pflanzen sollen andere Gräber nicht beeinträchtigen. Liegende Grabplatten oder das Aufstreuen von Kieseln oder Rindenmulch können untersagt sein. Das Gesamtbild soll der Würde des Ortes entsprechen. Wie dieser Begriff ausgelegt wird, unterscheidet sich von Friedhof zu Friedhof. Auf dem einen sind auf den Gräbern nur gedeckte Farben und Grabschmuck aus Stein, Metall oder Keramik zu finden, auf dem anderen ein Vereinsschal, bunte Windräder oder eine kleine Buddha-Statue.

Auf kirchlichen Friedhöfen können strengere Regeln gelten. So darf das Grabmal dem christlichen Glauben nicht widersprechen. Als unpassend beanstandet wurden etwa ein auf Hochglanz polierter Grabstein oder eine zu auffällige Goldinschrift.

Auch für die Pflege gibt es Vorgaben: Wahl- oder Reihengräber müssen gepflegt werden. Eine genaue Definition für eine „gepflegte" Grabstelle gibt es aber nicht. Das kann bedeuten: Rankpflanzen werden beschnitten, welke Pflanzen und Unkraut entfernt und im Sommer wird gegossen. Geschieht das nicht, könnte sich etwa der Besitzer eines Nachbargrabes beschweren.

Kümmert sich ein Hinterbliebener nach Ansicht der Friedhofsverwaltung nicht um die Pflege, kann sie ihn auffordern, die Grabstelle binnen einer Frist herzurichten. Tut er das nicht, kann sie das in Auftrag geben und in Rechnung stellen – oder das Grab abräumen, ebenfalls gegen Gebühr. Regelmäßige Kontrollen gibt es allerdings nur selten.

Steinmetze: Die Grabgestalter

Das Friedhofsrecht schreibt vor, dass Fachleute die Grabmalgestaltung übernehmen müssen. Einer der Gründe: Die Standsicherheit der Grabsteine muss gewährleistet sein. Grabmale gelten rechtlich als Bauwerke. Auf die Arbeit von Steinmetzen besteht deshalb eine fünfjährige Gewährleistung.

In der Regel werden auf dem Grabstein der vollständige Name des Verstorbenen, sein Geburts- und Sterbedatum, eventuell auch Symbole oder Sinnsprüche eingraviert. Fotos können so aufbereitet werden, dass sie witterungsfest sind und in den Stein eingelassen werden können. Möglich ist es auch, Grabsteine mit QR-Codes zu gestalten. Die Muster können mit dem Smartphone gescannt werden, Fotos oder Videos mit dem Verstorbenen sind dann auf dem Display zu sehen. Anregungen, welche Art von Grabgestaltungen in Deutschland möglich sind, bietet die Website gute-grabmale.de. Dort kann man sich auch über die Kosten informieren.

Auch bei der Wahl eines Steinmetzes sollten Sie schauen, ob er Ihnen sympathisch ist. Da Grabsteine nach Wünschen der Angehörigen und im Sinne des Verstorbenen gefertigt werden, ist enge Abstimmung nötig. Meist sind mehrere Besuche erforderlich.

Wie lange kann ein Grab genutzt werden?

Ein Bestattungspflichtiger erwirbt das Recht an der Nutzung einer Grabestelle für eine bestimmte Zeitspanne. Sie orientiert sich an der in den Bundesländern jeweils geltenden Mindestruhezeit. Die Mindestruhezeit ist die Zeit, in der der Sarg oder die Urne nicht bewegt werden dürfen, um die Totenruhe nicht zu stören. Sie bemisst sich an der Zeit, die sterbliche Überreste brauchen, um zu vergehen, und liegt im Schnitt bei 15 bis 25 Jahren. Friedhofsträger können andere Mindestruhezeiten festlegen, zum Beispiel weil feuchte oder lehmige Böden den Zerfallsprozess verlangsamen. Die Mindestruhezeit für eine Urne kann kürzer sein als die für einen Sarg.

Bei Wahlgräbern kann das Nutzungsrecht nach Ablauf der festgelegten Zeit verlängert werden. Nur hier können zudem später verstorbene Angehörige nachbestattet werden. Grabnutzungsrechte werden nicht vererbt. In Friedhofssatzungen gibt es oft einen Passus, der festlegt, auf wen Nutzungsrechte und Pflichten nach dem Tod des Grabnutzers übergehen, zum Beispiel auf das älteste Kind. Grabnutzer können zu Lebzeiten Nachfolger bestimmen oder das Amt jemandem übergeben, der bereit ist, es zu übernehmen.

Können Verstorbene umgebettet werden?

Möchten die Angehörigen eine Urne oder einen Sarg vor Ablauf der Ruhezeit umbetten lassen, müssen sie das beantragen – meist beim Friedhofsträger. Umbettungen sind nur aus wichtigen Gründen erlaubt, etwa wenn eine vom Verstorbenen gewünschte Familienzusammenführung zuvor nicht möglich war oder aus dem Nachlass hervorgeht, dass der Verstorbene die Beisetzung an einem anderen Ort wünschte. Oder wenn Angehörigen der Grabbesuch sonst unzumutbar erschwert würde. In Streitfällen geben Gerichte meist der Wahrung der Totenruhe den Vorrang. So wird es nicht als wichtiger Grund angesehen, dass Kinder in eine weit entfernte Stadt ziehen und die Eltern auf den dortigen Friedhof umbetten lassen möchten. Liegt der neue Wohnort 270 Kilometer entfernt, seien Besuche am Grab von Mutter und Ehemann für die Tochter zu bewältigen, die Grabpflege könne ein Dienstleister übernehmen, so ein Urteil. Erst wenn eine „atypische und völlig unerwartete Entwicklung der Lebensumstände" die Grabpflege verhindert, ist eine Umbettung erlaubt. Eine Ausbettung ist grundsätzlich erst ab sechs Monaten nach der Beisetzung zulässig. Zustimmen muss bei Sargbeisetzungen auch das Gesundheitsamt.

Wenn das Nutzungsrecht abgelaufen ist

Ist das Nutzungsrecht abgelaufen, kann der Friedhofsträger das Grab neu belegen. Finden sich Überreste beim Ausheben der Grube, werden diese unter die Sohle des neu aufgeworfenen Grabes versenkt oder an einem anderen Ort auf dem Friedhof beigesetzt. Stößt man auf nicht vergangene menschliche Überreste, wird das Grab geschlossen und die Ruhezeit verlängert. Ist das Nutzungsrecht an einer Urnennische abgelaufen, wird die in der Urne befindliche Asche ebenfalls an einem Ort auf dem Friedhof begraben.

Der Grabstein gehört dem, der ihn erworben hat. Der Grabnutzer muss das Grab nach Ende der Nutzungszeit abräumen. Das Beseitigen der Bepflanzung und des Steines kann er selber übernehmen. Ansonsten räumt der Friedhofsträger das Grab kostenpflichtig ab. Oft wird nur durch einen Aushang auf dem Friedhof auf das Auslaufen der Frist aufmerksam gemacht. Viele Friedhofsträger rechnen die Abräumkosten mittlerweile auch in die Grabnutzungsgebühr mit ein. Das Nutzungsrecht kann bei einigen Friedhöfen vor Ablauf der Nutzungszeit zurückgegeben werden. Die Ruhezeit muss aber eingehalten werden. Gebühren werden nicht erstattet.

Kosten von Friedhof und Grabpflege

Stadt ist oft teurer als Land, Erdbestattung teurer als Urne, am teuersten sind Wahlgräber. Nur sie können reserviert werden.

Friedhofsgebühren unterscheiden sich von Stadt zu Stadt und können sogar von Friedhof zu Friedhof variieren. Festgesetzt werden die Gebühren vom jeweiligen Träger. Er bestimmt die Höhe der Gebühr für die Grabnutzung und die Bestattung sowie die Höhe der Verwaltungsgebühren, die etwa für die Genehmigung eines Grabsteines anfallen.

Gebühren sind auch bei einer Umbettung für das Aus- oder Einbetten zu zahlen, ebenso für das Abräumen des Grabes nach Ende der Nutzungszeit. Im Detail ist das in der jeweiligen Gebührenordnung nachzulesen.

Es gibt deutliche Preisunterschiede zwischen Kommunen und zwischen dem Nordosten und dem Südwesten Deutschlands. Manchmal ist das Umland günstiger als die Stadt. In Hamburg etwa kostet die Beisetzung in einem Erdwahlgrab insgesamt 3 134 Euro, im angrenzenden Pinneberg nur 2 100 Euro. In anderen Regionen sind Friedhöfe in der Großstadt günstiger als die kleiner Nachbarkommunen: In Aachen liegt der Preis bei 3 644 Euro, im nahen Stolberg bei 4 308 Euro. Nicht immer lassen sich Preise direkt vergleichen, die Leistungen können sich im Detail unterscheiden. Das Erdwahlgrab in Stuttgart kostet 3 616 Euro für eine 20-jährige Nutzung. Im benachbarten Filderstadt verlangt der Träger für das Wahlgrab 6 340 Euro. Dafür gibt es hier nur Doppelstellen für 40 Jahre Nutzung. Äußerte der Verstorbene keinen Wunsch und ist es für seine Angehörigen praktikabel, könnte es sich aus finanziellen Gründen anbieten, einen entfernter gelegenen Friedhof zu wählen.

Bestattungskosten dagegen sind abhängig von der Beisetzungsform. Sargbestattung ist teurer als Urnenbestattung. Die Kosten umfassen in der Regel das Aufbewahren von Sarg oder Urne, das Öffnen und Schließen des Grabes sowie das Auskleiden der Gruft.

Findet die Trauerfeier auf dem Friedhof statt, kommen die Gebühren für die Kapelle oder Trauerhalle und gegebenenfalls die Orgel dazu. Weitere mögliche Kosten betreffen Sarg- oder Urnenträger oder den Kranzwagen.

Grabnutzungsgebühr

Für die Zeit, in der das Grab genutzt werden darf, berechnet der Friedhof eine Gebühr, die Grabnutzungsgebühr. Sie wird vorab für einen festgelegten Nutzungszeitraum entrichtet. Die Nutzungsdauer hängt von der jeweils geltenden Mindestruhezeit ab. In Berlin beträgt sie 20 Jahre, in Nordrhein-Westfalen sind es 30 Jahre. In der Grabnutzungsgebühr ist meist die Friedhofsgrundgebühr enthalten, die einmalig bezahlt wird. Damit bestreitet der Träger die Pflege der Friedhofsanlage. Manche Träger weisen zusätzlich jährliche Unterhaltskosten aus, die separat bezahlt werden.

Wahlgräber sind am teuersten. Man kann sich hier bereits zu Lebzeiten einen bestimmten Platz auf dem Friedhof reservieren lassen. Dafür wird eine jährliche Reservierungsgebühr fällig. Auf Berlins kommunalen Friedhöfen sind das beispielsweise 26 Euro.

In Berlin kann die Nutzungszeit für Wahlgräber vor Ablauf der Ruhefrist um 5, 10, 15 oder 20 Jahre verlängert werden. Für eine Verlängerung ohne Bestattung wird die Grabnutzungsgebühr anteilig fällig. Verlängert werden kann in Berlin frühestens ein

Friedhofskosten. Einige Beispiele

Je nach Grabart und Stadt können Friedhofskosten stark voneinander abweichen. (Alle Angaben in Euro)

	Berlin	Hamburg	Kerpen	Waiblingen	Weimar	Bad Sulza	München
Ruhezeit	20	25	20/25[1)]	15/30[1)]	20/30[1)]	25/40[1)]	10
Sargwahlgrab	1064	3134	4382	7554	2135	724	1852
Sargreihengrab	987	2309	2810	3454	1708	508	–
Urnenreihengrab	778	1487	1522	2181	593	421	–
Urnennische	890	4185	–	2732	–	–	1023
Urnengrab anonym	652	1300	–	1469	555	822	834
Baumbestattung	1462	2535	–	2432	1061	–	1533
Urnengemeinschaftsgrab	811	–	–	–	1020	1005	1033
Asche verstreuen	–	–	585	–	–	–	–

1) Bei einer Sargbeisetzung gilt die längere Ruhezeit.
Die Preise beinhalten die Gebühren für Grabnutzung, Trauerhalle, Beisetzung und – wenn erforderlich – die Grabmalgenehmigung.
Ausnahme: Bei einem anonymen Urnenbegräbnis ist die Nutzung der Trauerhalle nicht vorgesehen.

Quelle: Aeternitas e. V.; Stand: Februar 2018

Jahr, spätestens drei Monate vor Ablauf des Nutzungsrechts.

Nachbestattungen

Sollen weitere Familienmitglieder auf einer Grabstelle beerdigt werden, müssen Sie ein Wahlgrab erwerben. Wahlgräber gibt es für Sargbestattungen, Urnenbestattungen und in oberirdischen Urnenwänden oder Urnenhallen. Erwirbt man ein Doppelwahlgrab, kann ein zweiter Sarg beigesetzt werden, bei einem größeren Familiengrab sind mehr Sargbeisetzungen möglich. Das sieht zumindest die Berliner Friedhofsordnung vor.

Bei einem Einzelwahlgrab ist in Berlin die Nachbestattung einer Urne möglich, in einem Urnenwahlgrab finden bis zu vier Urnen Platz, in einem Wahlgrab in einer Urnenwand kann es Nischen für mehrere Urnen geben.

Wird ein weiterer Angehöriger bestattet, wird die noch nicht abgelaufene Nutzungszeit angerechnet.

Beispiel: Bei der ersten Bestattung im Jahr 2005 wurde die Grabnutzungsgebühr für eine Ruhezeit von 20 Jahren entrichtet, das Grab darf also bis 2025 genutzt werden. Im Jahr 2010 wird ein weiteres Familienmitglied beigesetzt. Auch für dieses gilt wieder die Ruhezeit von 20 Jahren, also bis 2030. Da die Grabnutzung bis 2025 bereits entgolten wurde, ist die Gebühr anteilig für 5 Jahre zu zahlen. Dazu kommen dann wieder die Bestattungs- und Verwaltungsgebühren, die sich nach der jeweils aktuellen Gebührenordnung richten.

Bei der Folgebestattung muss die Grabfläche eventuell neu angelegt oder zumindest überarbeitet werden. Man kann das selbst machen oder den Gärtner beauftragen.

Reihengräber

Sarg- oder Urnenreihengräber werden erst im Todesfall der Reihe nach vergeben, der Grabnutzer kann den Platz vorab nicht aussuchen. Bei einem Reihengrab ist die Nutzungsdauer nicht verlängerbar und Nachbestattungen sind normalerweise nicht möglich. Einige Kommunen gestatten aber die Nachbestattung einer Urne in einem Erdreihengrab. Zuweilen kommt es dann zum Streit um die einzuhaltende Ruhezeit, da die Nutzungszeit nicht verlängert werden kann.

Dauergrabpflegeverträge

Bei Sarg- und Urnengräbern ist das Nutzungsrecht mit der Pflicht zur Pflege verbunden. Können oder wollen Angehörige das Grab nicht selber pflegen, müssen sie einen Gärtner damit beauftragen. Sie können beim Gärtner einzelne Leistungen wie die Winterabdeckung oder das Gießen im Sommer bestellen oder einen Jahresvertrag über bestimmte Leistungen abschließen. Die Pflege kann von regelmäßiger Säuberung und Beschnitt bis hin zu umfangreichen Wechselbepflanzungen und Grabschmuck zu speziellen Gedenktagen reichen. Es gibt Dauergrabpflegeverträge, die mit einer Mindestlaufzeit von zum Beispiel drei Jahren abgeschlossen werden können. Die Höchstlaufzeit bemisst sich an der Grabnutzungszeit. Da man die Gesamtsumme zu Beginn zahlt, ist solch ein Vertrag entsprechend teuer.

Ein Dauergrabpflegevertrag kann auch zu Lebzeiten abgeschlossen werden. Zu Lebzeiten ist es möglich, ihn wieder zu kündigen und das Geld abzüglich einer Verwaltungsgebühr zurückzuerhalten. Nach dem Tod ist der Vertrag von den Angehörigen nicht mehr kündbar. Änderungen am Vertragsinhalt kann es nach Absprache geben, wenn der finanzielle Umfang erhalten bleibt. Kürzungen sind nicht möglich. Bereits abgeschlossene Dauergrabpflegeverträge gehören nach einigen Gerichtsurteilen zum Schonvermögen und dürfen demnach beim Empfang sozialer Leistungen nicht angetastet werden.

Ein Dauergrabpflegevertrag wird am besten mit einem Gärtner geschlossen, der der Friedhofsgenossenschaft oder -treuhand angehört. Diese Organisationen verwalten die eingezahlten Summen und verzinsen sie. Damit sollen Preissteigerungen ausgeglichen werden. Das Geld wird meist in regelmäßigen Abschlägen an die Gärtner ausgeschüttet.

Einmal im Jahr überprüfen die Organisationen den Zustand der Gräber. Hat der Gärtner nicht ordentlich gearbeitet, wird er aufgefordert, die Mängel zu beseitigen. Dann gibt es auch Sonderkontrollen. Wird ein Betrieb insolvent, wird der Auftrag an einen anderen Gärtner weitergegeben.

Lässt sich jemand eine Wahlgrabstelle reservieren, hat aber keine Angehörigen, an die das Nutzungsrecht im Todesfall übergehen würde, fordern einige Friedhofsverwaltungen einen Dauergrabpflegevertrag, damit die Grabpflege bis zum Ende der Nutzungszeit gesichert ist.

Die Kosten für die vom Gärtner übernommene Grabpflege bemessen sich an der Größe der Grabstelle und dem Aufwand, der bei der Bepflanzung betrieben wird, vom immergrünen Bodendecker bis zur wechselnden Blütenpracht. Jede Gärtnerei kalkuliert anders (siehe Tabelle „So viel kann die Grabpflege kosten").

So viel kann die Grabpflege kosten

Die Kosten berechnet in Euro am Beispiel eines Berliner Friedhofsgärtners.

Dienstleistung	Kosten Urnenstelle 1 m x 1 m	Kosten Einzelstelle (2,5 m x 1,25 m)	Kosten Doppelstelle (2,5 m x 2,5 m)
Neuanlage der Grabstelle	100–300	400–800	600–1500
6-Monats-Pflege (April–September)[1] (pro Jahr)	129	228	374
Ganzjahrespflege (pro Jahr)	142	251	416
Senkschaden beseitigen[2]		25 bis 250	
Düngen	10	23	30
Urlaubsgießservice[3]	18	31	52
Wechselbepflanzung Frühjahr, Sommer, Herbst[4] (pro Jahr)		25 bis 150	
Grabschmuck zu Totensonntag		7 (Dauerstrauß) bis 50 (Dauergesteck)	
Wintereindeckung der Grabstelle	34	85	138
Reinigung des Grabsteines		30	
Wiederherstellung des Grabes nach Beisetzung		100 (Urne) bis 650 (Doppelstelle)	
Dauergrabpflegevertrag über 20 Jahre[5]	3500	6500	11000

1) Abräumen des Winterschmucks, Lockern des Erdreichs, Unkraut/Laub entfernen, Gießen, Düngen, Rückschnitt von Bodendeckern und Gehölzen, Abräumen der Sommerbepflanzung. 2) Höhe der Kosten je nach Umfang, bis hin zur Neupflanzung des Bodendeckers. 3) Mindestens für 4 Wochen. 4) Je nach Art und Anzahl der Pflanzen. 5) Neuanlage der Grabstelle, schlichte Grünbepflanzung, eine Überholung.

Quelle: Friedhof Treuhand Berlin; Stand: Februar 2018

Gemeinschaftsgräber

Neben den klassischen Erdgräbern gibt es auf Friedhöfen neuere Grabformen, bei denen Verstorbene in einer Gemeinschaftsgrabstätte zur Ruhe gebettet werden. Angehörige müssen sich nicht um die Pflege kümmern, sondern die Anlage wird entweder unter Regie der Friedhofsverwaltung oder eines Gärtners instandgehalten. Zu den Grabnutzungs- und Bestattungsgebühren wird dann entweder eine zusätzliche Pflegepauschale fällig, oder der Nutzer muss einen Dauerpflegevertrag – so wie bei den Erdgräbern – abschließen. Beides wird am Anfang für die gesamte Laufzeit bezahlt.

Auf kommunalen Friedhöfen in Berlin etwa kostet eine Baumbestattung, bei der in einem vom Friedhof gepflegten Baumfeld mehrere Familienmitglieder beigesetzt werden können, pro Bestattungsfall zusätzlich 675 Euro. Bestattet wird in einer abbaubaren Urne. Und es gibt einheitlich gestaltete und gärtnerisch gepflegte Gemeinschaftsgrabstellen für Sarg- und Urnenbeisetzungen.

Für ein Reihengrab innerhalb solch einer Anlage sind zusätzlich 1 019 Euro zu zahlen. Bei einem Reihengrab ist die Grabstelle markiert. Zu den Grabgebühren kommen die Kosten für ein Kreuz oder eine Tafel mit den Daten. Für eine Gemeinschaftsgrabstelle mit gemeinsamer Kranzablage- und Gedenkstätte und gemeinsamer Namentafel (teilanonyme Bestattung) sind es 1 027 Euro.

Ein Friedhof kann auch Bestattungen auf einer Rasenfläche anbieten, die er selbst pflegt. Bei den Rasengräbern erinnern ein Kreuz oder eine Tafel an den Toten. Grabschmuck an den Grabstellen ist unerwünscht, da er der Pflege des Grüns im Wege steht. Bei der Bestattung in einer freistehenden Urnenwand wird zum Beispiel in Berlin eine zusätzliche Pflegegebühr von 161 Euro erhoben, bei der Bestattung in einer geschlossenen Urnenhalle sind es 621 Euro. Hier sind die Daten des Verstorbenen auf einer Tafel eingetragen, die die Nische verschließt. Für Blumen und Kerzen gibt es meist eine Extra-Ablagestelle.

Grabfelder mit besonderer Pflege

Auch Treuhandstellen und Friedhofsgärtnergenossenschaften können Plätze in einer parkartigen Anlage (Memoriam-Garten) oder in einer gärtnerisch besonders gepflegten Urnen-Ruhegemeinschaft anbieten. Ein Nutzer schließt in Berlin beispielsweise einen Dauergrabpflegevertrag über 20 Jahre ab und erwirbt vom Friedhofsträger zusätzlich die Rechte für ein Reihen- oder Gemeinschaftsgrab.

In den Memoriam-Gärten (Urnen-Reihengrab ab 3 500 Euro oder Erdreihengrab ab 5 000 Euro inklusive Steinmetzarbeiten) erinnert ein individuell gestaltetes Kreuz oder eine Tafel an den Verstorbenen.

In den Urnen-Ruhegemeinschaften (plus 995 Euro mit Steinmetzarbeiten) sind die Namen der Verstorbenen auf einer gemeinsamen Stele oder einem gemeinsamen Grabstein eingetragen, ohne dass die Grabstelle genau markiert ist. Das ist dann eine teilanonyme Beisetzung. Auch in solchen Anlagen können Blumen oder Kerzen meist nur auf einer speziell dafür ausgewiesenen Fläche abgelegt werden.

Auf einigen Friedhöfen ist eine Beisetzung an einem denkmalgeschützten oder historischen Grabmal möglich: Wer mit einer Patenschaft für dessen Erhalt sorgt, kann das Recht erwerben, dort beigesetzt zu werden.

Anonyme Beisetzung

Die preiswerteste Form der Bestattung ist die anonyme Beisetzung. Die Urne mit der Asche des Verstorbenen wird auf einem Rasenstück beigesetzt, selten kann die Asche auf einer eigens dafür vorgesehenen Grünfläche verstreut werden. Einen Hinweis mit dem Namen des Verstorbenen gibt es nicht.

Beisetzungen ohne eine Namensnennung sind nicht überall möglich. Die Evangelische Kirche Berlin-Brandenburg-schlesische Oberlausitz zum Beispiel erlaubt auf ihren Friedhöfen keine anonymen Beisetzungen. Dies widerspreche der christlichen Vorstellung der „gottgegebenen Würde und Personalität" jedes Menschen.

Sonderformen der Bestattung

In Deutschland herrscht Friedhofszwang. Doch einige Bundesländer haben ihre starren Regelungen bereits gelockert.

Die letzte Ruhe im eigenen Garten finden? Das ist in Bremen und Nordrhein-Westfalen möglich. Die zwei Bundesländer haben den Friedhofszwang gelockert. Dort darf Asche auf Privatgrundstücken verstreut werden, aber nur unter bestimmten Bedingungen. In Bremen muss der Verstorbene den Wunsch zu Lebzeiten verfügt haben und seinen letzten Wohnsitz in der Hansestadt gehabt haben. In Nordrhein-Westfalen muss die örtliche Friedhofsverwaltung zustimmen.

Strenge Vorgaben

Das deutsche Friedhofsrecht ist streng. Angehörige und Menschen, die über ihr Begräbnis zu Lebzeiten selbst bestimmen möchten, müssen sich zunächst für eine Bestattungsform entscheiden. Bei einer Erdbestattung wird der Verstorbene in einem Sarg in der Erde beigesetzt. Viel seltener, aber auch möglich, ist eine Beisetzung in einer Gruft oder einem Mausoleum. Erdbestattungen gibt es nur auf kommunalen oder kirchlichen Friedhöfen.

Auch für Feuerbestattungen gibt es klare Vorgaben. In der Regel muss die Asche in einer Urne auf einem Friedhof oder in einem Bestattungswald beigesetzt werden. Ausgenommen davon sind Seebestattungen, bei denen die Asche der Verstorbenen in Nord- oder Ostsee gestreut wird (siehe „Seebestattungen", S. 30). In einigen Bundesländern darf die Asche auch auf festgelegten Bereichen auf Friedhöfen verstreut werden.

Baumbestattungen

Baumbestattungen haben sich als alternative Bestattungsform mittlerweile etabliert. Ursprünglich wurde die Bestattung im Wald vor allem von privaten Anbietern ermöglicht. Pionier war die Firma Friedwald, ein anderer großer Anbieter ist die Ruheforst GmbH. Inzwischen bieten aber auch Hunderte Friedhöfe Baumbestattungen an.

Im Normalfall handelt es sich um eine Feuerbestattung, bei der die Totenasche in einer besonders schnell abbaubaren Urne im Wurzelwerk eines Baumes beigesetzt wird. Einige Friedhöfe wagen sogar den Kompromiss und bieten Erdbestattungen unter Bäumen an. In beiden Fällen gibt es keinen künstlichen Grabstein, nur eine Plakette am Baum erinnert an den Toten. Die Preise für die Baumbestattung auf Friedhöfen variieren (siehe Tabelle „Friedhofskosten", S. 25).

Während auf Friedhöfen die Nutzungsdauer der von klassischen Gräber entspricht, also 20 oder 30 Jahre, gibt die Firma Friedwald die Nutzungszeit der Grabstelle mit 99 Jahren an. Auch hier variieren die Kosten stark – je nach Größe, Lage und Alter des Baumes und je nach Baumart. Es gibt

- Familien- oder Freundschaftsbäume, die ganzen Familien, einem Freundeskreis mit bis zu zehn Personen oder einer Einzelperson als letzte Ruhestätte dienen. Sie sind ab 3 350 Euro zu haben
- Partnerbäume für zwei einander nahestehende Menschen ab 2 700 Euro und
- Gemeinschaftsbäume, unter denen bis zu 10 Menschen eine Ruhestätte finden. Hier erwerben Kunden einen Einzelplatz. Er kostet zwischen 770 und 1 200 Euro.

INFO

Seebestattungen Nicht nur für Seeleute

An Neil Armstrong, Alfred Hitchcock und den Fernsehmoderator Peter Lustig erinnern keine Grabsteine: Die Asche dieser Männer wurde auf dem Meer beigesetzt. Seebestattungen wirken in einigen Teilen Deutschlands noch leicht exotisch, dabei machen sie nach Schätzungen des Bundesverbands Deutscher Bestatter schon einen Anteil von etwa 2 bis 3 Prozent aller Bestattungen in Deutschland aus. Seebestattungen sind nur in der Nord- oder Ostsee möglich und müssen in küstennahen Gebieten stattfinden, in denen nicht gefischt oder Wassersport betrieben wird.

Eine Seebestattung wird bei Bestattungsunternehmen am Wohnort des Verstorbenen oder seiner Angehörigen in Auftrag gegeben. Der Bestatter organisiert die Trauerfeier, die nach der Einäscherung oder vor der Seebestattung stattfinden kann, genau wie den Transport der Asche zu der beauftragten Seebestattungs-Reederei. Am Tag der Beisetzung fährt ein Bestattungsschiff aufs Meer hinaus. Spezielle wasserlösliche Urnen werden bei der Zeremonie ins Meer gelassen. Weitere Informationen auf der Seite der Deutschen See-Bestattungsgenossenschaft (dsbg.de).

Die Firma Ruheforst bietet neben Baumbestattungen Beisetzungen unter Steinen oder Sträuchern an. Die Grabstätten heißen hier „Ruhebiotop". In einem Biotop finden bis zu zwölf Urnen Platz. Eine Familie oder ein Freundeskreis kann ab rund 2975 Euro alle zwölf Grabstätten erwerben oder man kann in einem Gemeinschaftsbiotop ab 512 Euro einzelne Grabstätten kaufen. Auch hier laufen die Nutzungsrechte bis zu 99 Jahre.

Der Wohnort spielt bei der Auswahl eines Bestattungswaldes normalerweise keine Rolle. Die letzte Ruhestätte muss also nicht unbedingt in derselben Region liegen, in der ein Mensch sein Leben verbracht hat.

Andere Länder, andere Möglichkeiten

Ist eine in Deutschland nicht zulässige Bestattung der letzte Wille eines Verstorbenen oder der Wunsch der Angehörigen, können Deutsche sie mit einem Dienstleister im Ausland umsetzen. In anderen europäischen Ländern sind die Regeln weniger streng. In Frankreich sind zum Beispiel Luftbestattungen möglich. Die Asche wird von einem Heißluftballon aus über Wäldern verstreut. Ein Bestattungsunternehmen in Rastatt kooperiert dazu bundesweit mit anderen Bestattern und organisiert die Luftbestattungen im Elsass.

Auch in der Schweiz sind die Regelungen lockerer. Dort ist es auch möglich, die Asche von Verstorbenen über einem Gletscher, in einem Wasserfall, über Bergwiesen und Flüssen verstreuen zu lassen. Um entlegene Gebiete zu erreichen, werden zum Teil von einem spezialisierten Bestatter auch Hubschrauber eingesetzt. Ein weiteres Schweizer Unternehmen hat sich auf sogenannte Diamantbestattungen spezialisiert. Dazu wird die Asche eines Verstorbenen extrahiert und zu einem Diamanten gepresst.

Die Asche an Angehörige herauszugeben, ist nach deutschem Recht verboten. Wenn sich Deutsche für eine Beisetzungsart im Ausland entscheiden, müssen sie zunächst einen Bestatter finden, der mit den Dienstleistern im Ausland kooperiert. Das gilt auch für die aufwendigste Form der Feuerbestattung, die Weltraumbestattung, die in der Regel von US-amerikanischem oder russischem Boden aus organisiert wird. Einige Gramm der Asche werden dazu in eine Metallkapsel gefüllt und zusammen mit anderen Kapseln mit einer Rakete in die Erdumlaufbahn, ins Weltall oder sogar auf den Mond geschossen.

Im Ausland verstorben

Stirbt ein Mensch im Urlaub oder auf Geschäftsreise im Ausland, bedeutet das für Angehörige mehr Organisation und höhere Kosten.

Stirbt ein Angehöriger im Ausland, sind die bürokratischen Erledigungen und die Organisation der Bestattung deutlich aufwendiger und komplizierter. Angehörige müssen sich in einer fremden Sprache verständigen, unterliegen anderen gesetzlichen und vielleicht auch kulturellen Gegebenheiten und müssen die Rückführung des Leichnams nach Deutschland schnell regeln, wenn der Verstorbene nicht im Ausland beerdigt werden soll. Neben einer Überführung im Sarg ist in vielen Ländern eine Einäscherung vor Ort möglich. Dann müssen sich die Angehörigen um den Transport der Urne nach Hause kümmern.

Erste Hilfe für Angehörige gibt es bei der deutschen Botschaft oder dem deutschen Generalkonsulat im betreffenden Land. Die Mitarbeiter unterstützen sie bei Ämtergängen und dem Beantragen notwendiger Dokumente. Sie beraten über Bestattungsmöglichkeiten und Kosten sowie einen Rücktransport nach Deutschland und können helfen, ein örtliches Bestattungsunternehmen zu finden.

Zu den unausweichlichen bürokratischen Schritten gehört es, im fremden Land eine Sterbeurkunde zu beantragen und Kontakt zu einem Bestattungsunternehmen aufzunehmen, das die Überführung des Leichnams vorbereitet. Der Verstorbene muss normalerweise rasch vom Sterbeort abgeholt werden, etwa von einem Krankenhaus.

Zusätzlich müssen die Angehörigen einen Bestatter in Deutschland beauftragen, der zumindest den Transport des Leichnams vom Flughafen zur Leichenhalle übernimmt.

Je nach Entfernung und örtlichen Gegebenheiten ist eine Rückführung etwa im Flugzeug oder Leichenwagen möglich. Der Verstorbene muss in einem speziellen Sarg transportiert werden, der unter anderem aus Zink bestehen und undurchlässig verlötet sein muss.

Angehörige müssen nicht nur den Überführungssarg bezahlen, sondern auch den Transport. Wegen des hohen Gewichts des Sarges und der meist kurzfristigen Buchung sind Flüge teuer. Wird der Verstorbene im Ausland eingeäschert und nur die Urne überführt, ist das in der Regel preiswerter.

UNSER RAT

Hilfe im Ausland

Ansprechpartner. Wenden Sie sich an die deutsche Vertretung im Reiseland, wenn einer Ihrer Angehörigen im Ausland stirbt. Botschaft oder Konsulat helfen Angehörigen.

Spezialisten. Es gibt in Deutschland Bestatter, die sich auf die Rückführung im Ausland Verstorbener spezialisiert haben. Es kann sinnvoll sein, bei der Auswahl des Unternehmens darauf zu achten.

Dokumente. Für den Transport des Leichnams brauchen Sie einen Leichenpass. Sie müssen ihn bei der zuständigen Behörde im Ausland beantragen. Die deutsche Auslandsvertretung hilft.

Versicherung. Hatte der Verstorbene eine Auslandsreisekrankenversicherung, werden die Kosten der Überführung oft erstattet. Schauen Sie in die Police.

Den Abschied gestalten

Trauerfeier organisieren. Trauerkarten entwerfen, ein Restaurant für die Abschiedskaffeerunde reservieren, Musik auswählen – um eine Bestattung zu planen, ist viel Feinarbeit und Fingerspitzengefühl nötig. Zeit und enge Abstimmung mit dem Bestatter sind wichtig.

Die Liste der Details, die vor einer Beerdigung geklärt werden müssen, ist lang. „Auch das noch!", mag manch einer denken, der gerade dabei ist, sich um Gästeliste, Musikprogramm, Trauerredner, Blumenschmuck, Abschiedsessen und anderes zu kümmern.

Doch die Organisation einer Bestattung ist auch eine Chance. In dieser Zeit können sich Angehörige noch einmal intensiv und liebevoll mit dem Verstorbenen beschäftigen. Welche Musik hat er oder sie geliebt? Welches Foto zeigt am besten die Persönlichkeit? Wenn die Abschiedsfeier gelingt und es später positive Reaktionen von den Gästen gibt, empfinden das Angehörige als tröstlich.

Es müssen nicht immer kirchliche Lieder oder weiße Lilien als Blumenschmuck sein – Zeremonie und Dekoration sollten vor allem die Persönlichkeit des Verstorbenen widerspiegeln. Wenn er oder sie Popmusik und bunte Feldblumen geliebt hat, sind sie die bessere Wahl. Wenn ein Verstorbener als Clown aufgetreten ist und gerne Menschen zum Lachen gebracht hat, dürfen ruhig Luftschlangen beim Abschiedsessen auf dem Tisch liegen. Auch die Kapelle kann oft nach individuellen Vorstellungen dekoriert werden. Solche Möglichkeiten sollten Sie frühzeitig mit dem Bestatter besprechen.

Planung braucht Zeit

Nach Erfahrung der Berliner Bestatterin Bettina Sandhowe halten sich Angehörige im Schnitt dreieinhalb Stunden bei ihr auf, wenn sie gemeinsam mit ihr die Bestattungszeremonie planen. „Einige Menschen brauchen viel länger, weil sie erst einmal aus ihrem Leben erzählen möchten. Bei anderen geht es deutlich schneller, weil sie sehr strukturiert sind oder sich mit der Auswahl eines Trauerspruchs lieber alleine beschäftigen wollen", sagt Sandhowe. Viele wüssten bereits vor dem Besuch, auf welchem Friedhof ein Angehöriger beerdigt werden soll. Auch die Wahl von Sarg und Urne ginge oft schnell. „Doch wenn es zum Beispiel darum geht, Musikstücke auszusuchen oder zu entscheiden, ob der Verstorbene aufgebahrt werden soll, tun sich viele sehr schwer mit der Entscheidung", so die Bestatterin.

Wichtig ist, sich Zeit zu lassen. Nicht alles muss in einer Sitzung geklärt werden. Manchmal ist es sinnvoll, sich noch einmal mit Freunden oder Verwandten abzustimmen oder in Ruhe zu Hause Musiktitel mehrfach anzuhören und dann erst auszuwählen.

Selbst organisieren spart Geld

Fast alle Details einer Trauerfeier können von Bestattern organisiert werden. An den meisten Dienstleistungen, die Bestatter anbieten, verdienen sie auch. Vom Preis jeder

Trauerkarte, die gedruckt wird, geht zum Beispiel ein Prozentsatz an sie. Auch bei der Bestellung des Blumenschmucks erhalten sie in der Regel eine Provision.

Empfehlenswert ist es, wenn die Angehörigen sich untereinander abstimmen und vor allem diejenigen Aufgaben selbst erledigen, die einem von ihnen liegen oder nah sind. Wer eine künstlerische Ader hat und sich gut mit Computer-Grafikprogrammen auskennt, kann zum Beispiel die Traueranzeigen selbst entwerfen. Wer seit Jahren in einem bestimmten Blumenladen Kunde ist, kann diesen auch mit dem Blumenschmuck beauftragen.

Grundsätzlich gilt: Bestattern alle Aufgaben zu übertragen, macht die Feier teurer, spart aber Zeit und Nerven. Wenn Angehörige die Feier zum Teil selbst organisieren, bekommt sie dafür meist eine persönlichere Note. „Es kann Trauernden helfen, aktiv die Trauerfeier zu gestalten und zum Beispiel die Rede zu halten oder die Tischdekoration beim Abschiedsessen zu übernehmen", sagt Bettina Sandhowe. „Ein guter Bestatter steht den Trauernden dabei beratend zur Seite."

Blumenschmuck

In der Regel wählen die Angehörigen den Blumenschmuck für den Sarg oder die Urne aus; weitere Kränze und Blumengestecke werden von anderen Trauergästen zur Trauerfeier mitgebracht. Bestatter kooperieren oft mit einem oder mit mehreren Floristen, bei denen sie mitunter günstigere Konditionen ausgehandelt haben.

Wenn Hinterbliebene selbst einen Floristen beauftragen, können sie direkt mit ihm den Preis verhandeln. Wer einen Floristen gut kennt, kann den Schmuck direkt mit ihm besprechen und planen. War der Florist mit dem Verstorbenen bekannt, wird es ihm leichtfallen, individuellen Blumenschmuck anzufertigen.

In der Trauerhalle oder der Kapelle gibt es meist eine schlichte Dekoration mit Kerzen und Gestecken, die in den Nutzungsgebühren für die Räumlichkeiten enthalten ist. Diese Dekoration kann – gegen Extrakosten – meist individuell gestaltet werden.

Trauerkarten

Mit Trauerkarten oder Trauerbriefen werden Verwandte, Freunde, Nachbarn und andere Bekannte über einen Todesfall informiert. Auf der Karte stehen üblicherweise Name, Titel und auch Spitzname des Verstorbenen, das Geburtsdatum sowie Ort und Zeitpunkt der Bestattung. Auf Wunsch können ein Sinnspruch, ein Gedicht, ein Bibelvers, ein Foto oder ein Symbol abgebildet werden.

Bestatter bieten den gesamten Service vom Entwurf bis zum Versand der Karten an. Sie helfen beim Formulieren der Texte, wenn Angehörige unsicher sind. Sie halten auch verschiedene Papiersorten zur Auswahl bereit.

Üblich ist es, die Dankesschreiben, die einige Wochen nach der Beisetzung verschickt werden, passend zu den Trauerkarten zu gestalten. Kunden sollten darauf bestehen, die Anzahl der Drucksachen selbst zu bestimmen. Auch Copyshops und Onlineseiten bieten die Gestaltung von Trauerkarten und Dankesbriefen an – oft günstiger.

Zeitungsanzeigen

Der Inhalt von Zeitungsanzeigen ist meist identisch mit dem der Trauerbriefe. Lediglich das Format ist anders. Die Preise der Anzeigen richten sich nach Größe, Auflage der

Zeitung und nach dem Erscheinungstag. Individuell gestaltete Anzeigen, zum Beispiel mit Foto, können teurer sein.

Zeitungsanzeigen haben den Vorteil, dass viele alte Bekannte über einen Todesfall informiert werden. Der Nachteil: Auch Verbrecher erfahren von der geplanten Zeremonie und wissen dann, wann das Haus leer stehen wird. Und so kommt es immer wieder während Beerdigungen zu Einbrüchen. Deshalb sollten Angehörige bei Zeitungsanzeigen nie den Bestattungstermin gemeinsam mit ihrer Adresse veröffentlichen. Werden Kondolenzschreiben erwartet, ist es sinnvoll, in der Anzeige die Adresse des Bestatters anzugeben. Die Dienstleister sammeln die Schreiben und geben sie an die Angehörigen weiter. Noch sicherer ist es, für den Zeitraum der Beisetzung jemanden zu beauftragen, das Haus zu hüten.

Musik auswählen

Zum Eingang in die Kapelle und zum Ausgang ist es üblich, klassische Musikstücke wie das Air aus der Orchestersuite Nr. 3 D-Dur von Bach zu spielen. Während der Trauerzeremonie sind meist Lieblingstitel des Verstorbenen zu hören. Die Auswahl an Musiktiteln, die sich digital in der Trauerhalle abspielen lassen, ist nahezu unbegrenzt. Oft ist es auch möglich, dass Angehörige oder befreundete Musiker während der Zeremonie singen oder musizieren. In fast allen Kapellen kann ein professioneller Organist gebucht werden.

Abschiedskärtchen

Die Idee, Abschiedskärtchen oder auch Programme an die Trauergäste zu verteilen, ist vergleichsweise jung. Wenn die Trauergemeinde gemeinsam singt, können die Liedtexte in den Programmen abgedruckt werden. Die Gestaltung ist ansonsten relativ frei: Sie können Fotos des Verstorbenen zeigen oder persönliche Erlebnisse schildern. Sinnvoll ist es auch, die gespielten Musiktitel in den Programmen aufzulisten. Diesen Service bieten nicht alle Bestatter an, Hinterbliebene müssen extra danach fragen.

Digitale Erinnerung

Im Internet hat sich in den letzten Jahren eine Erinnerungskultur etabliert. Auf Websites wie beispielsweise Soulium.de, Trauer.de oder Gedenkseiten.de können Angehörige Erinnerungsseiten für Verstorbene anlegen und sie persönlich gestalten. Das Prinzip ähnelt dem von Social-Media-Websites wie Facebook. Es gibt ein digitales Grundgerüst: Text, Fotos, Videos, Audiodateien oder Grafiken können hochgeladen werden. Dazu gibt es ein digitales Kondolenzbuch und die Möglichkeit, digitale Kerzen für die Verstorbenen anzuzünden.

Die meisten Erinnerungsportale bieten kostenfreie Basisversionen, mit denen sich bereits individuelle Seiten mit Fotos und Stimmungsbildern gestalten lassen. Bei den Premiumversionen können in der Regel Fotos oder Videos in unbegrenzter Anzahl hochgeladen werden. Viele Tageszeitungen bieten ebenfalls Erinnerungsseiten. Das Prinzip: Kunden, die eine Todesanzeige schalten, können diese auch online veröffentlichen. Bei einigen Zeitungen können zusätzlich individuelle Seiten angelegt und digitale Kerzen angezündet werden.

Abschiedsessen

Ein gemeinsames Kaffeetrinken oder Essen nach einer Beisetzung ist Tradition und gibt Gästen die Gelegenheit, sich gemeinsam an den Verstorbenen zu erinnern. Geeignet ist dafür ein Restaurant oder Café in der Nähe des Friedhofs. So wird die Trauergemeinde nicht auseinandergerissen und der Weg ist für Gäste, die schlecht zu Fuß sind, weniger beschwerlich. Räumlichkeiten mit barrierefreiem Zugang oder Behindertentoiletten sind ebenfalls von Vorteil. Hinterbliebene legen oft Wert darauf, dass die Trauergäste ungestört in einem abgetrennten Bereich zusammensitzen können. Extraräume und -bereiche haben außerdem den Vorteil, dass sie dekoriert werden können. Auch speziell ausgewählte Musik kann dort laufen.

Trauerredner

Ein zentraler Punkt bei jeder Trauerzeremonie ist die Rede. Meist werden die wichtigsten biografischen Punkte erwähnt, aber auch der Charakter des Verstorbenen sollte durch die Rede den Gästen nahegebracht werden. Geistliche, private Trauerredner und Bestatter bieten den Service an.

Wenn der Redner den Verstorbenen nicht kannte, ist viel Zeit für ein Vorgespräch nötig. Angehörige können dabei Fotos zeigen und ihre Erlebnisse schildern. Je mehr Eindrücke die Profis vom Leben des Verstorbenen bekommen, desto besser.

Angehörige und Freunde können Trauerreden halten oder sich die Aufgabe mit professionellen Rednern teilen. In den Pausen zwischen den Reden können Musikstücke gespielt und Gedichte oder Gebete gesprochen werden.

„Jeder, der eine Rede halten möchte, sollte es tun", sagt die Bestatterin Bettina Sandhowe. „Wichtig ist allein, dass man sich gut vorbereitet." Ungeübten Rednern rät sie, die Ansprache in Ruhe am Computer zu schreiben und dann mindestens in einer Schriftgröße von 16 Punkt auszudrucken. Handschriftliches sei aufgeregt nur schwer zu entziffern, auch Tablets oder Laptops seien für den Vortrag nicht geeignet. Ratsam sei es, die Rede zu Hause mehrfach einzuüben. „Sonst kann es passieren, dass Redner bei emotionalen Passagen überwältigt werden und die Rede unterbrechen müssen. So eine Situation verunsichert alle Beteiligten", so Bettina Sandhowe.

Erbschaft

Stirbt ein Mensch, hinterlässt er seinen Angehörigen und Freunden nicht nur Erinnerungen, sondern möglicherweise auch ein Vermögen. Wer was bekommt, ergibt sich aus dem letzten Willen des Verstorbenen oder dem Gesetz. Erben mehrere Personen, gehört ihnen alles gemeinsam. Das kann zu Streit führen. Was für Erben alles zu tun ist und wie Sie Streit vermeiden, erfahren Sie in diesem Kapitel.

Von der Sterbeurkunde bis zum Erbschein

Stirbt ein Mensch, beginnt für die Hinterbliebenen ein bürokratischer Marathon. Erst recht, wenn es etwas zu erben gibt.

Nach dem Tod eines Menschen geht sein Vermögen unmittelbar als Ganzes auf seinen Erben über. Dieser wird Rechtsnachfolger des Verstorbenen, ohne dass er etwas dafür tun muss. Er muss nicht einmal Kenntnis vom Sterbefall haben. Was „Vonselbsterwerb" genannt wird, hat weitreichende Konsequenzen. Ralf Mangold, Fachanwalt für Erbrecht in Köln, erklärt: „Der oder die Erben übernehmen das Vermögen, bestehende Verträge, aber auch sämtliche Schulden des Verstorbenen." Die Krux: Wer der Glückliche oder im Fall eines überschuldeten Nachlasses der Unglückliche ist oder ob es sogar mehrere sind, stellt sich meist erst Wochen nach dem Tod heraus.

Gibt es ein Testament?

Auf zwei Wegen werden Erben zu Erben: entweder per letztwilliger Verfügung des Verstorbenen oder nach dem Gesetz. Gibt es ein gültiges Testament oder einen wirksam geschlossenen Erbvertrag, wird die gesetzliche Erbfolge nicht angewendet.

Wer ein Testament des Verstorbenen in den Händen hält, muss es unverzüglich beim Nachlassgericht an dessen letztem gewöhnlichem Aufenthaltsort abgeben, sobald er vom Tod erfahren hat. Das Nachlassgericht wird vom Standesamt, das den Sterbefall beurkundet hat, oder vom Deutschen Testamentsregister informiert. Hatte der Verstorbene sein Testament oder einen Erbvertrag amtlich verwahren lassen, wird das Gericht darüber benachrichtigt, wo die Dokumente hinterlegt sind.

Das Nachlassgericht führt das Nachlassverfahren durch: Normalerweise öffnet ein Rechtspfleger am Gericht das Testament und schreibt darüber ein Protokoll. Dieses schickt er gemeinsam mit einer Kopie des Testaments an die Erben. Das Schreiben geht auch an Personen, denen nach dem Willen des Erblassers ein Vermächtnis, zum Beispiel ein höherer Geldbetrag, zukommen soll, oder die durch eine Auflage begünstigt werden.

Benachrichtigt werden darüber hinaus die Angehörigen, die ohne die letztwillige Verfügung nach dem Gesetz erben würden. Hinterbliebene, die sich übergangen fühlen, können das Testament anfechten. Dafür sollten sie sich allerdings Rechtsrat einholen. Möglicherweise können sie auch einen Pflichtteil von den Erben fordern.

Beispiel: Ein Ehepaar hat ein gemeinschaftliches Testament gemacht, in dem sich die Ehegatten gegenseitig zu Alleinerben bestimmt haben (Berliner Testament). Stirbt einer der beiden, informiert das Nachlassgericht nicht nur den überlebenden alleinerbenden Ehepartner, sondern auch die Kinder. Sie sind pflichtteilsberechtigt. Auch gesetzliche Erben, die nicht pflichtteilsberechtigt sind, müssen vom Nachlassgericht gehört werden.

Die Eröffnung eines Testaments sagt noch nichts darüber aus, ob es wirksam ist. Das Nachlassgericht prüft die Wirksamkeit nicht. Auch wenn mehrere Testamente existieren, entscheidet es nicht, welche Verfügung des Verstorbenen für die Erbfolge maßgeblich ist. Das passiert oft im Erbscheinsverfahren, das auf die Eröffnung folgt. Dann können alle Beteiligten Erklärungen zur Wirksamkeit und dem Verhältnis mehrerer Testamente zueinander vortragen.

Gibt es keine letztwillige Verfügung, wird das Nachlassgericht etwa in Bayern nur von alleine tätig, wenn ein Grundstück zum Nachlass gehört oder wenn es davon ausgeht, dass der Verstorbene ein Vermögen hinterlässt, das nicht nur die Beerdigungskosten deckt.

Zu den Details der inhaltlichen Regelungen in einem Testament siehe „Wenn ein Testament vorliegt", S. 45.

UNSER RAT

Was Erben tun sollten

Erbfall. Sind Sie aufgrund der gesetzlichen Erbfolge oder einer letztwilligen Verfügung des Verstorbenen Erbe geworden, werden Sie vom Nachlassgericht informiert. Sie müssen nichts tun, um das Erbe anzunehmen. Der Nachlass – Vermögen und Verbindlichkeiten – fällt Ihnen automatisch zu.

Übersicht. Verschaffen Sie sich schnellstmöglich einen Überblick über den Nachlass. Nutzen Sie dafür unser Formular im Serviceteil. Prüfen Sie Unterlagen des Verstorbenen und fragen Sie bei ihm nahestehenden Dritten nach. Auskünfte bekommen Sie auch von Banken.

Das gilt ohne Testament

Wenn es weder Testament noch Erbvertrag gibt, gilt die gesetzliche Erbfolge. Diese bestimmt eine Reihenfolge, in der Verwandte und Ehepartner oder eingetragene Lebenspartner des Verstorbenen erben. Wer einen gesetzlichen Anspruch auf den Nachlass hat, ist über sogenannte Ordnungen geregelt. Dabei gilt folgendes Prinzip: Ein näher mit dem Erblasser Verwandter schließt einen weiter entfernten Verwandten von der Erbfolge aus.

Die Kinder und Enkel des Verstorbenen zählen als direkte Nachkommen zu den Erben erster Ordnung. Erben der zweiten Ordnung, zum Beispiel die Eltern, gehen also leer aus, wenn es Kinder oder Enkel gibt. Nur wenn der Verstorbene kinderlos war, kommen sie zum Zug. Die Erbquoten der einzelnen Erben richten sich danach, wie viele in der jeweiligen Ordnung vorhanden sind.

Beispiel: Hinterlässt eine Alleinerziehende drei Kinder, erben sie zu je einem Drittel. Hat ein Single keine Kinder, erben seine Mutter und sein Vater je zur Hälfte.

In den Erbordnungen gilt ebenfalls eine feste Rangfolge: Enkel erben nur, wenn ihr Vater oder ihre Mutter – das Kind des Erblassers – bereits tot ist, Geschwister, wenn die Eltern verstorben sind, und so weiter (siehe Grafik „Gesetzliche Erbfolge", S. 40.

So erben Partner

Ehepartner und eingetragene Lebenspartner sind zwar keine Verwandten, doch auch sie gehören zu den Erben. Ihr Erbrecht besteht selbstständig neben dem der Verwandten. Erben Kinder und Partner zusammen, entsteht eine Erbengemeinschaft und mit ihr reichlich Konfliktpotenzial: In einer Erbengemeinschaft dürfen alle Erben grundsätzlich nur gemeinsam über den Nachlass verfügen („Wenn es mehrere Erben gibt", S. 52). Wie viel der Ehe- oder Lebenspartner bekommt, hängt zum einen vom Güterstand ab, in dem das Paar lebte, und zum anderen davon, ob der Verstorbene Kinder hatte beziehungsweise welche Verwandten er hinterlässt.

Die meisten verheirateten oder verpartnerten Paare leben im gesetzlichen Güterstand der Zugewinngemeinschaft. Stirbt ei-

Gesetzliche Erbfolge
Gibt es keine letztwillige Verfügung, gilt das Gesetz. Danach erben die Verwandten des Erblassers. Daneben erbt sein Ehegatte oder sein eingetragener Lebenspartner (siehe Grafik „Das gesetzliche Erbrecht für Ehegatten“, S. 43).

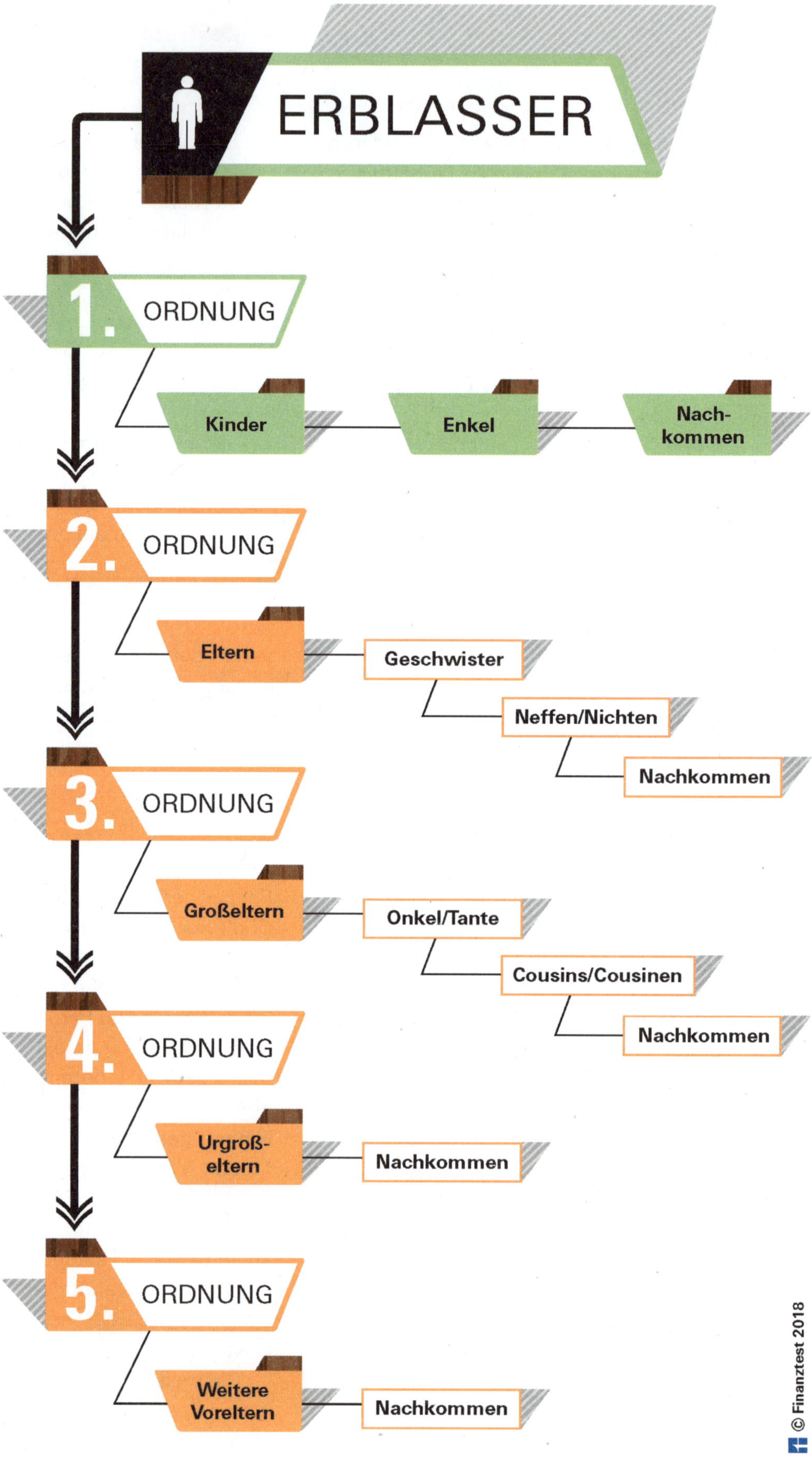

ner von ihnen, bekommt der andere seinen gesetzlichen Erbteil von einem Viertel des Nachlasses und ein weiteres Viertel als pauschalierten Zugewinnausgleich.

Beispiel: Eva und Max haben zwei Kinder. Stirbt Max, bekommt Eva eine Hälfte seines Vermögens, die zwei Kinder die andere. Mehr dazu siehe Grafik „Das gesetzliche Erbrecht für Ehegatten“, S. 43.

Unverheiratete Partner finden sich im deutschen Erbrecht nicht wieder. Das heißt, sie gehen leer aus, sofern der Verstorbene sie nicht in einem Testament oder Erbvertrag bedacht hat.

Bei Überschuldung ausschlagen

Ist die Erbfolge klar, müssen die Erben entscheiden, ob sie das Erbe annehmen wollen. Für Minderjährige handeln ihre gesetzlichen Vertreter, also meistens die Eltern. Wer das Erbe annehmen will, muss nichts weiter tun. Das Erbe fällt ihm automatisch zu.

Die Erben bekommen zwar das ganze Vermögen des Verstorbenen, haften andererseits aber auch für dessen Schulden. Überschreiten diese das Vermögen, ist die Erbschaft überschuldet. Um darüber entscheiden zu können, ob sie das Erbe annehmen oder ausschlagen, müssen Erben sich einen Überblick über die Vermögenswerte und Verbindlichkeiten verschaffen. Manchmal sind Erben auf die Auskünfte Dritter angewiesen, weil sie wenig oder gar keinen Kontakt zum Verstorbenen hatten. Die Erben haben gesetzliche Auskunftsansprüche. Wenn sie diese gerichtlich geltend machen wollen, ist das aber mit einem erheblichen Zeitaufwand verbunden. Um das Erbe auszuschlagen, bleibt ihnen jedoch in der Regel nur eine Frist von sechs Wochen („Erbe ausschlagen“, S. 48).

CHECKLISTE

Nachlass sichten

1 Rechtsnachfolge. Mit dem Erbfall geht das Vermögen als Ganzes auf den oder die Erben über. Sie werden Rechtsnachfolger des Erblassers und treten in seine Rechte und Pflichten ein. Existiert keine Vermögensübersicht, müssen Erben sämtliche persönlichen Unterlagen des Erblassers studieren und Dritte befragen, welche Vermögenswerte und Schulden vorhanden sind.

2 Auskunftsrechte. Nicht jeder Erbe hat ein enges Verhältnis zum Verstorbenen gehabt. Es kann vorkommen, dass Erben nicht wissen, was zum Nachlass gehört. Deswegen sieht das Bürgerliche Gesetzbuch in Paragraf 2028 einen besonderen Auskunftsanspruch vor. Wer engen Kontakt mit dem Erblasser hatte und etwas über den Verbleib von Nachlassgegenständen weiß, ist verpflichtet, Erben darüber zu informieren. Das gilt etwa für den in häuslicher Gemeinschaft lebenden Partner, Mitbewohner, aber auch Zimmernachbarn im Altenheim. Der Verpflichtete muss vollständig und richtig Auskunft geben. Hat der Erbe begründete Zweifel daran, kann er verlangen, dass er eine eidesstattliche Versicherung abgibt.

3 Kontoauszüge. Viele Informationen finden Erben auf den Kontoauszügen des Verstorbenen. Sie haben als Rechtsnachfolger gegenüber der kontoführenden Bank sämtliche Rechte, die dem Erblasser zustanden. Dazu gehören auch Auskunftsrechte. Diese beziehen sich auf aktuelle Kontostände und Kontobewegungen in der Vergangenheit. Die Bank kann sich in der Regel nicht auf das Bankgeheimnis des Erblassers berufen. Anhand der Umsätze auf den Kontoauszügen können Erben Rückschlüsse ziehen zum Beispiel auf Versicherungen, vermietete Immobilien und Verträge, für die Beiträge abgebucht wurden. Auch können sie so in Erfahrung bringen, ob der Erblasser Kredite aufgenommen hat. Informationen zu Aktien, Anleihen und sonstigen Wertpapieren finden Erben in Depotauszügen.

Wann brauche ich einen Erbschein?

Wer geerbt hat, muss sich auch als Erbe legitimieren können, zum Beispiel um Sparkonten oder Versicherungen des Verstorbenen aufzulösen. Das geht am besten mit einem Erbschein. Dieser kostet aber Geld.

Ist ein notarielles Testament oder ein Erbvertrag vorhanden, brauchen Erben nicht unbedingt einen Erbschein. In der Regel genügt eine beglaubigte Abschrift des Schriftstücks und das Eröffnungsprotokoll des Nachlassgerichts. Im Jahr 2016 traf der Bundesgerichtshof (BGH) eine für Hinterbliebene wichtige Entscheidung: Der Nachweis der Erbenstellung ist häufig auch mit einem eröffneten privatschriftlichen Testament und dem Eröffnungsprotokoll möglich. Nur bei konkreten und begründeten Zweifeln, so der BGH, kann zum Beispiel eine Bank verlangen, dass die Erben weitere Dokumente oder einen Erbschein vorlegen müssen (Az. XI ZR 440/15).

Gilt mangels letztwilliger Verfügung allein die gesetzliche Erbfolge, benötigen die Erben jedoch meist einen Erbschein.

Wie beantrage ich ihn?

Beantragt wird der Erbschein beim Nachlassgericht. Eine bestimmte Form für den Antrag ist nicht vorgeschrieben. Eine Frist gibt es auch nicht. Im Antrag muss aber beispielsweise stehen, warum das Erbrecht besteht, ob Personen vorhanden sind, die das Erbrecht einschränken können, und ob es einen Rechtsstreit über das Erbrecht gibt. Zum Nachweis all dieser Tatsachen muss der Antragsteller in der Regel eine eidesstattliche Versicherung abgeben und Unterlagen wie das Familienstammbuch, Geburts- und Sterbeurkunden vorlegen. Die eidesstattliche Versicherung muss der Antragsteller vor einem Notar oder Gericht leisten.

In einer Erbengemeinschaft kann jeder Miterbe auch einen Teilerbschein beantragen. Das ist nicht immer sinnvoll. Zwar ist der Anteil eines Miterben auf dem Teilerbschein ausgewiesen. Praktisch ist er aber nicht. Banken etwa zahlen ungern Guthaben des Verstorbenen an einzelne Miterben aus, wenn diese sich nur mit einem Teilerbschein ausweisen. Besser ist ein gemeinschaftlicher Erbschein, denn für die Auszahlung ist die Zustimmung aller Erben erforderlich.

Viel Geld für ein Stück Papier

Der Erbschein und die dazugehörige eidesstattliche Versicherung können teuer werden. Die Kosten bestimmen sich nach dem Wert des Nachlasses. Das sagt das Gerichts- und Notarkostengesetz.

Beispiel: Frank erbt von seinem verstorbenen Vater ein Barvermögen in Höhe von 50 000 Euro und eine Immobilie mit einem Marktwert von 400 000 Euro. Die Immobilie ist mit einer Grundschuld von 200 000 Euro belastet. Frank braucht einen Erbschein für die Eigentumsumschreibung im Grundbuch. Der Nachlasswert liegt bei 250 000 Euro. Erbschein und eidesstattliche Versicherung kosten jeweils 535 Euro. Für beides zusammen muss Frank also 1 070 Euro zahlen.

Den Erbschein bekommen die Erben erst, wenn das Nachlassgericht die Angaben im Erbscheinsantrag geprüft und Angehörige, die gesetzliche Erben sein könnten, angehört hat. Diese können zum Beispiel Bedenken gegen die Erteilung des Erbscheins äußern, wenn sie Zweifel an der Wirksamkeit eines Testaments haben. Das kann beispielsweise der Fall sein, wenn es Hinweise darauf gibt, dass der Verstorbene nicht testierfähig war, weil er an Demenz erkrankt war.

Das gesetzliche Erbrecht für Ehegatten

Verwandte eines Verstorbenen teilen sich den Nachlass mit dessen Ehe- oder eingetragenem Lebenspartner nach Erbquoten. Sind Kinder, Enkel oder Urenkel vorhanden, erbt der überlebende Partner ein Viertel, die Nachkommen drei Viertel des Nachlasses. Gibt es keine Abkömmlinge, leben aber die Eltern des Erblassers, erhält der überlebende Partner die Hälfte. Die Erbquoten sind darüber hinaus abhängig vom Güterstand. Die meisten Paare haben dafür nichts vereinbart. Dann leben sie im gesetzlichen Güterstand der Zugewinngemeinschaft: Im Erbfall wird der Erbteil des überlebenden Partners pauschal um ein Viertel erhöht (pauschalisierter Zugewinnausgleich). Hatte das Paar dagegen Gütertrennung oder Gütergemeinschaft vereinbart, gibt es keinen Zugewinnausgleich. Dann erhöht sich der Erbteil des Ehegatten nicht. Bei Gütertrennung gilt noch eine Besonderheit: Gibt es neben dem Partner noch höchstens zwei Kinder, erben alle zu gleichen Teilen. Ab dem dritten Kind bleibt es immer bei einem Viertel des Nachlasses für den überlebenden Partner.

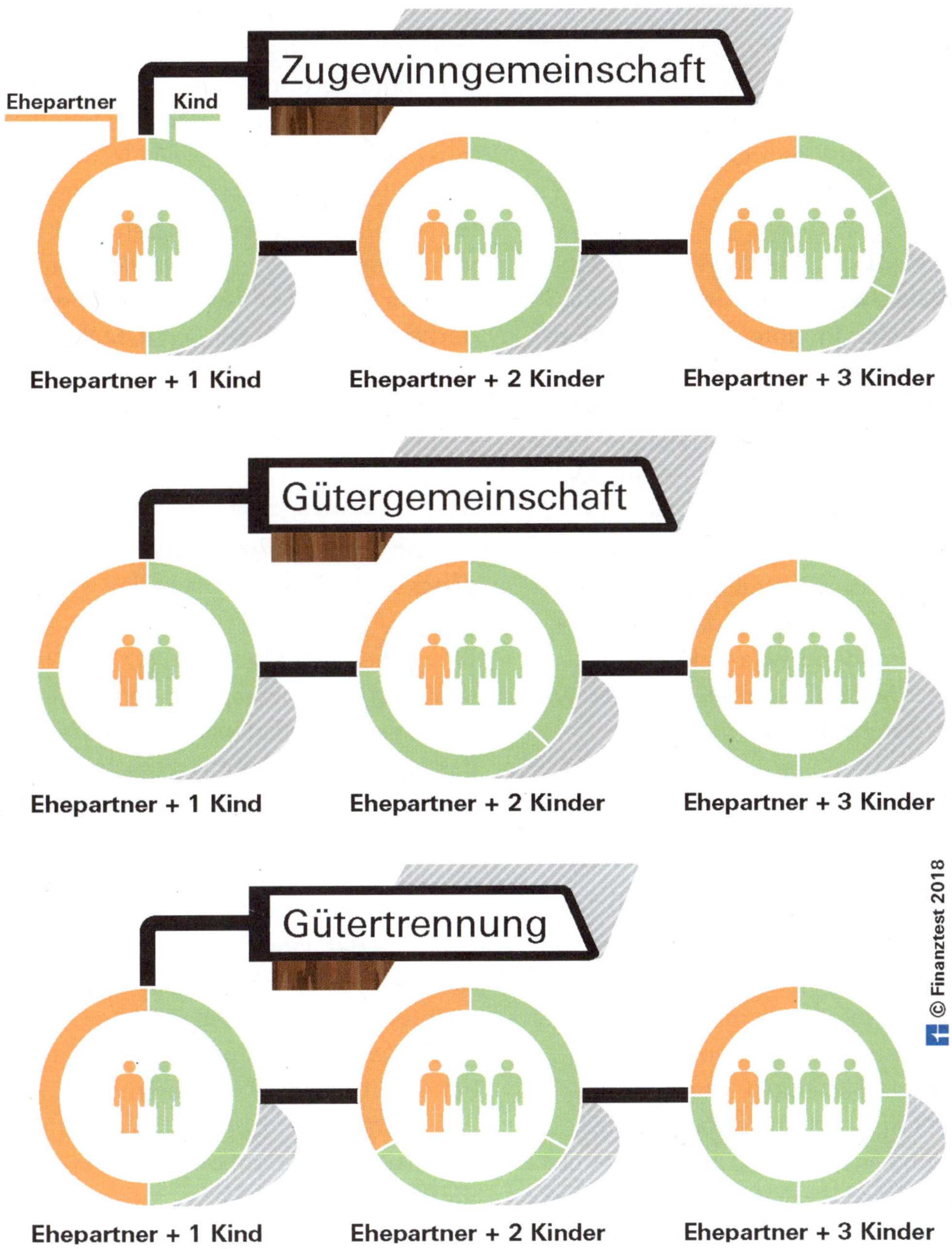

Falscher Erbschein wird eingezogen

Mitunter passiert es, dass ein Erbschein zu Unrecht erteilt wird. Das kann geschehen, wenn tatsächlich die Testierunfähigkeit des Erblassers festgestellt wird – aber erst nachträglich. Das Gericht muss den ausgestellten Erbschein dann zurückholen. Jeder, der im Besitz eines falschen Erbscheins ist, muss diesen zurückgeben. Auf Antrag kann das Gericht einen neuen, richtigen Erbschein erteilen. Was jedoch mit dem falschen Erbschein bereits unternommen wurde, kann selten ohne Weiteres rückgängig gemacht werden.
Beispiel: Eine Bank, die das Kontoguthaben ausgezahlt hat, weil ihr der Erbschein vorgelegt wurde, hat im guten Glauben gehandelt. „Der Erbschein soll in erster Linie den Rechtsverkehr schützen. Denn jeder darf darauf vertrauen, dass die Angaben im Erbschein richtig sind", erläutert Fachanwalt Mangold. Die Bank ist also aus dem Schneider. Der durch den neuen Erbschein legitimierte Erbe muss sich an die bisherigen Erben wenden. Die müssen das unberechtigterweise angenommene Geld herausgeben, was der neue Erbe notfalls mit gerichtlicher Hilfe durchsetzen kann.

Erben haben viel zu erledigen

An den Nachlass sind Rechte und Pflichten geknüpft. Wer erbt, übernimmt alles: Immobilien, Geld, Verträge, Schulden. Das nennen Juristen Gesamtrechtsnachfolge. „Der Erbe tritt in die rechtlichen Fußstapfen des Verstorbenen", sagt Mangold. Nur höchstpersönliche Rechtsgeschäfte erlöschen mit dem Tod. Eine Mitgliedschaft im Verein etwa endet, wenn das Mitglied stirbt („Mitgliedschaften in Vereinen", S. 90). Über den Nachlass kann der Erbe verfügen, wie er möchte. Er kann das Haus verkaufen, das Auto des Verstorbenen fahren oder dessen geliebten Hund weggeben.

Der Erbe muss sich aber auch um die Verbindlichkeiten des Nachlasses kümmern, zum Beispiel die Raten für einen Kredit weiter zahlen und offene Stromrechnungen begleichen. Auch die Beisetzung, die Gebühren des Nachlassgerichts und eventuell Erbschaftsteuer müssen bezahlt werden. Unerwünschte Verträge muss der Erbe kündigen. Nahe Angehörige des Verstorbenen können ihre gesetzlichen Pflichtteile fordern, sofern der Erblasser sie enterbt hat. Bestehen Unterhaltsansprüche von Kindern und Ehepartnern, muss der Erbe sie erfüllen. Das gilt zudem für Vermächtnisse und Auflagen, die der Verstorbene in seiner letztwilligen Verfügung angeordnet hat („Wenn ein Testament vorliegt", S. 45).

Wenn die Erben nicht bekannt sind

Sind Erben nicht bekannt, gilt der Nachlass zunächst als erbenlos. Um ihn zu sichern, beauftragt das Nachlassgericht auf Kosten des Nachlasses einen Nachlasspfleger mit dessen Verwaltung. Zu seinen Aufgaben gehört es auch, Erben zu finden. Die Nachforschungen können mitunter schwierig und zeitaufwendig sein. Oft haben Familien sich im Laufe der Jahrzehnte über die ganze Welt verstreut. Reichen die Mittel nicht aus und bleiben die Recherchen erfolglos, schalten Nachlasspfleger oft kommerziell tätige Erbenermittler ein. Sie haben meist Zugang zu weltweiten Datenbanken, studieren alte Adress- und Telefonbücher und suchen in Stadtarchiven.

Wenn ein Testament vorliegt

Im Testament kann ein Erblasser Angehörige enterbt, Wünsche formuliert oder Vermächtnisse angeordnet haben. Hier erfahren Sie, was es regelt und wann man es anfechten kann.

Letzter Wille, Testament, letztwillige Verfügung – all das sind Namen für ein Schriftstück, das darüber entscheidet, wer das Vermögen eines Verstorbenen erhält und wer nicht. Wenn es ein Dokument gibt, das den letzten Willen enthält, sind die Angehörigen daran gebunden. Es setzt die gesetzliche Erbfolge außer Kraft („Das gilt ohne Testament", S. 39).

Mit einem Testament kann ein Verstorbener komplett von der gesetzlichen Erbfolge abgewichen sein. Wem laut Gesetz ein Teil des Nachlasses zugestanden hätte, den hat der Verstorbene vielleicht enterbt. Wer nicht zum Kreis der Begünstigten gehört hätte, ist vielleicht als Alleinerbe eingesetzt. Diese Informationen sind derart wichtig, dass sie einem Gericht vorgelegt werden müssen. Das bedeutet: Wenn jemand ein Testament findet, muss er es zum zuständigen Nachlassgericht bringen. Das ist das Amtsgericht am letzten Wohnsitz des Verstorbenen.

Die Pflicht zur Vorlage betrifft alle Schriftstücke, die ein Testament sind oder auch nur sein könnten – zum Beispiel auch ein an die Angehörigen gerichteter Brief, in dem der Verfasser sein Vermögen verteilt.

Solche Schriftstücke zurückzuhalten ist keine gute Idee: Wer ein Testament nicht abliefert, muss mit schwerwiegenden Folgen rechnen. Zum einen kann er sich wegen Urkundenunterdrückung strafbar machen. Zum anderen droht eine zivilrechtliche Konsequenz: Verstößt jemand gegen die Vorlagepflicht, bekommt er nichts vom Erbe, weil er als erbunwürdig gilt.

Was ein Testament alles regeln kann

Mit einem Testament kann der Vererbende nicht nur sein Vermögen verteilen. Er kann darin auch Erben darum bitten, ihm nach seinem Tod bestimmte Wünsche zu erfüllen. Diese „Auflagen" können zum Beispiel vorsehen, dass sich ein Erbe um die Grabstätte kümmern oder das Haustier des Verstorbenen in Obhut nehmen soll. Auch ohne eine

UNSER RAT

Testamente abgeben

Suche. Schauen Sie auf der Suche nach einem Testament in den Unterlagen des Verstorbenen nach, in dessen Schreibtisch, im Bankschließfach oder Safe. Der Verstorbene kann sein Testament auch beim zentralen Testamentsregister hinterlegt haben. Dann meldet sich das Nachlassgericht bei den Erben.

Abgabepflicht. Wenn Sie ein Testament finden, müssen Sie es beim Nachlassgericht am Wohnsitz des Verstorbenen abgeben, und zwar unverzüglich. Das heißt: So schnell wie möglich.

Anfechtung. Eine Anfechtung des Testaments ist nur ausnahmsweise möglich, zum Beispiel wenn der Vererbende beim Verfassen bedroht oder getäuscht wurde. Anfechten müssen Sie beim Amtsgericht am Wohnort des Verstorbenen.

solche Anordnung gehören Tiere zum Nachlass und werden vererbt. Das geliebte Haustier selbst kann allerdings nicht Erbe werden. Findet sich eine solche Regelung im Testament, ist sie unwirksam.

Auflagen sind in vielen Konstellationen denkbar und stets verbindlich. Möchte der Erbe die ihm zugedachte Aufgabe nicht erfüllen, muss er die Erbschaft ausschlagen („Das Erbe ausschlagen“, S. 48). Ein eventueller Pflichtteil geht dadurch ausnahmsweise nicht verloren.

Der Vererbende kann in seinem letzten Willen auch ein oder mehrere Vermächtnisse anordnen. Damit kann er Geldbeträge oder einzelne wertvolle Gegenstände seines Vermögens jemandem zusprechen, ohne dass diese Person Erbe wird. Das bedeutet: Wer das Vermächtnis bekommen soll, hat nicht die Pflichten eines Erben, muss also beispielsweise keine Verträge des Verstorbenen übernehmen oder kündigen. Er kann den ihm vermachten Geldbetrag oder Gegenstand von den Erben fordern. Erbschaftsteuer wird aber auch für ihn fällig („Erbschaftsteuer“, S. 96).

Hat der Verstorbene nicht nur eine, sondern mehrere Personen zu seinen Erben bestimmt, bilden diese automatisch eine Erbengemeinschaft. Der Nachlass geht dann zunächst auf alle Miterben gleichermaßen über. Sie können nur gemeinsam darüber entscheiden und müssen alles untereinander verteilen („Wenn es mehrere Erben gibt“, S. 52).

Erbteil nein, Pflichtteil ja

Wer ein Testament verfasst, kann nahe Verwandte zwar enterben, aber nur in seltensten Fällen tatsächlich leer ausgehen lassen. In der Regel haben sie Anspruch auf einen Mindestanteil am Nachlass, den Pflichtteil. Dieser kann nur unter engen Voraussetzungen entzogen werden, zum Beispiel wenn der Pflichtteilsberechtigte wegen einer vorsätzlichen Straftat zu einer Freiheitsstrafe von mindestens einem Jahr ohne Bewährung verurteilt wurde.

Pflichtteilsberechtigt sind zum Beispiel der Ehe- oder eingetragene Lebenspartner, die Kinder, und wenn diese verstorben sind auch Enkel oder Urenkel. Falls der Verstorbene keine Kinder hatte, haben auch seine Eltern Anspruch auf einen Pflichtteil.

Der Pflichtteilsanspruch ist ein Geldanspruch und richtet sich gegen den oder die gesetzlichen Erben. Sie müssen den Betrag auszahlen, wenn der Pflichtteilsberechtigte ihn verlangt. Er beträgt die Hälfte des gesetzlichen Erbteils. Die konkrete Höhe hängt vom Verwandtschaftsverhältnis und der Zahl der Erben ab, bei Eheleuten auch vom vereinbarten Güterstand.

Beispiel: Hans und Anne sind im gesetzlichen Güterstand der Zugewinngemeinschaft verheiratet. Anne stirbt und hinterlässt 100 000 Euro. Ohne Testament bekommt Hans nach der gesetzlichen Erbfolge die Hälfte, also 50 000 Euro. Die Töchter Lisa und Marie teilen sich die andere Hälfte, jede bekommt 25 000 Euro. Hätte Anne ihre Tochter Lisa enterbt, bekäme diese immer noch 12 500 Euro.

Manch einer verschenkt sein Vermögen zu Lebzeiten, um Angehörige vom Erbe auszuschließen. Dadurch kann der Pflichtteilsanspruch nicht beliebig ausgehöhlt werden. Angehörige sind durch Pflichtteilsergänzungsansprüche geschützt: Die meisten Schenkungen, die ein Vererbender in den letzten zehn Jahren vor seinem Tod vollzieht, werden zum Nachlass gezählt und bestimmen die Höhe des Pflichtteils. Je länger die Schenkung zurückliegt, desto geringer der Wertanteil, der in die Berechnung des Pflichtteils einfließt.

Das Testament anfechten

Hinterbliebene, die im Testament übergangen wurden, können die letztwillige Verfügung des Verstorbenen beim Nachlassgericht anfechten. Das Recht haben sie aber nur, wenn sie nach einer erfolgreichen Anfechtung tatsächlich als Erben zum Zuge kommen würden – entweder weil es eine frühere und sodann wieder gültige Verfügung gibt, in der sie als Erben genannt sind, oder aufgrund der gesetzlichen Erbfolge.

Die Anfechtung muss nicht immer das gesamte Testament betreffen, sondern kann auch einzelne Anordnungen zum Ziel haben. In jedem Fall braucht der Anfechtende handfeste Gründe und Beweise. Darüber hinaus sollte er sich von einem Fachanwalt für Erbrecht beraten lassen.

→ **Drohung und Irrtum.** Wurde der Erblasser beim Verfassen seines letzten Willens von jemandem getäuscht oder bedroht, kann die Verfügung angefochten werden. Es ist allerdings schwierig, eine solche Drohung oder Täuschung zu beweisen. In aller Regel gibt es dafür nur einen einzigen Zeugen – den Verstorbenen. Es kann auch sein, dass der Erblasser etwas anderes wollte, als er festgelegt hat. Dass er sich etwa über einen wichtigen Sachverhalt getäuscht hat oder etwas anderes meinte, als er dann zu Papier gebracht hat. Hinterbliebene sollten sich um Klärung der Motivation des Verstorbenen beim Verfassen des Dokuments bemühen und Umstände aufdecken, die ihn beeinflusst haben könnten. Möglicherweise gibt es ältere Testamente oder Entwürfe, Briefe und andere Unterlagen, die dabei helfen können. Auch Menschen, die dem Verstorbenen nahestanden, können eventuell Licht ins Dunkel bringen. Gespräche mit ihnen sollten enterbte Hinterbliebene protokollieren.

→ **Testierunfähigkeit.** Von vornherein unwirksam ist ein Testament, wenn es gefälscht ist oder der Erblasser nachweislich testierunfähig war, als er das Dokument verfasst hat. Beantragt der in der Verfügung Bedachte beim Nachlassgericht einen Erbschein, können Enterbte dort Testierunfähigkeit reklamieren. Sie müssen den Gesundheitszustand des Erblassers schildern und zum Beispiel Kranken- und Betreuungsakten oder Pflegegutachten einreichen. Zudem ist es sinnvoll, Zeugen zu nennen, die etwas zur geistigen Verfassung des Verstorbenen rund um die Testamentserrichtung sagen können.

Wann handschriftliche Testamente ungültig sind

Wurde ein Testament nicht von einem Notar beglaubigt, sondern handschriftlich verfasst, spricht man von einem „eigenhändigen Testament“. Dieses muss strengen Formalien genügen, damit es gültig ist. Es muss vom ersten bis zum letzten Wort handschriftlich geschrieben sein. Und es muss Datum, Ort und vor allem die Unterschrift des Verstorbenen beinhalten. Der Computer ist tabu und macht das Testament unwirksam. Gibt es mehrere Testamente, gilt das zuletzt verfasste. Alle davor erstellten Testamente sind dann ungültig.

Das Erbe ausschlagen, wenn es Schulden bringt

Erben heißt nicht immer reich werden. Wenn Schulden drohen, kann der Erbe sie ausschlagen. Dafür ist nicht viel Zeit.

Stirbt ein Mensch, geht dessen Vermögen automatisch auf den Erben über. Dieser tritt in die Rechtsposition des Verstorbenen ein – mit allen Möglichkeiten, die sich daraus ergeben, aber auch mit allen Pflichten. Im besten Fall bekommt der Erbe die Reichtümer: das Geld, das Haus, das Auto. Oder er wird Eigentümer und damit Vermieter einer von anderen bewohnten Eigentumswohnung und erhält nun die Mieteinnahmen. Im schlechtesten Fall sind es nur die Schulden des Verstorbenen, die auf den Erben übergehen: Dazu gehören Verbindlichkeiten aller Art, vor allem offene Rechnungen und Kredite, Steuerschulden, Kontoüberziehung, Miet- und Unterhaltsrückstände.

INFO

Immobilienerbe – Traum oder Albtraum?

Ein Haus zu erben, ist für die meisten Menschen ein Traum. Der Erbe freut sich und bezieht sein neues Domizil. Was auf den ersten Blick nach großem Glück aussieht, kann bei genauer Betrachtung aber zu finanziellen Schwierigkeiten führen – zum Beispiel, wenn das Haus sanierungsbedürftig, mit einer Grundschuld belastet oder noch nicht abbezahlt ist und der Erbe Schuldner des Kredits wird. Kann der Erbe die Raten nicht zahlen, bleibt ihm nur der Verkauf. Achtung: Manche Häuser stehen unter Denkmalschutz und verschlingen enorme Kosten für die Instandsetzung. Das kann bis in eine Privatinsolvenz führen.

Weil der Erbe Rechtsnachfolger wird, muss er sich auch um Geschäftsbeziehungen und die Wohnung des Verstorbenen kümmern und – falls notwendig – bestehende Verträge kündigen („Verträge", S. 75). Wer das Erbe ausschlägt, ist die Erbschaft und die damit verbundenen Pflichten los.

Sechs Wochen Zeit

Oft ist nicht klar, was sich im Nachlass verbirgt. Es bleibt wenig Zeit, sich Gewissheit zu verschaffen. Erben dürfen die Erbschaft nur innerhalb einer gesetzlich festgelegten Frist ausschlagen. Sie beträgt sechs Wochen. Lebte der Verstorbene im Ausland oder hält sich der Erbe im Ausland auf, verlängert sie sich die Frist auf sechs Monate. Sie beginnt unter zwei Voraussetzungen: Der Erbfall muss eingetreten sein, und der Begünstigte muss wissen, dass er Erbe ist. Weiß er Bescheid und lässt die Frist verstreichen, hat er damit das Erbe angenommen. Er wird Erbe – ob er will oder nicht.

Herauszufinden, was der Nachlass beinhaltet, ist nicht immer leicht. „Erben haben zwar ein Recht darauf, bei Banken Auskunft zu bekommen und zum Beispiel Kontoauszüge einzusehen", sagt Sybill Offergeld, Fachanwältin für Familienrecht in Berlin. „Sie müssen sich aber als Erben ausweisen und dazu meist einen Erbschein vorlegen." Der Haken: Beantragt der Erbe einen Erbschein, wird darin eine Annahme der Erbschaft gesehen, und zwar durch schlüssiges Verhalten, wie Juristen das nennen. Ausschlagen ist dann nicht mehr möglich.

Können die Erben ein notarielles Testament vorlegen, brauchen sie nicht unbedingt einen Erbschein.

„Oft regeln Bankkunden, wer nach ihrem Tod auf ihr Konto zugreifen darf“, sagt Anwältin Offergeld. In einer Kontovollmacht „über den Tod hinaus“ oder einer Vorsorgevollmacht bevollmächtigen sie zum Beispiel einen nahen Angehörigen. Der Bevollmächtigte hat Zugriff auf die Konten und kann sich einen Überblick über das Vermögen, laufende Zahlungen und etwaige Schulden verschaffen („Zugang zu Konten“, S. 76).

Wer keinen Zugriff auf die Konten hat, sollte in der Wohnung des Verstorbenen nach Hinweisen zu dessen finanzieller Lage suchen. Aufschluss können Kontoauszüge und Rechnungen sowie Post von Ämtern und Gerichten geben.

Tipp: Schlagen Sie die Erbschaft nicht vorschnell aus, weil sich die Nachforschungen mühsam gestalten. Ist sie erst einmal abgelehnt und stellt sich später heraus, dass der Nachlass gar nicht überschuldet war, sieht es schlecht aus: Sie können die eigene Erklärung zwar anfechten, müssen dafür aber einen Grund haben. Pech, wenn Sie nur nicht richtig nachgeforscht haben, was hinter der Erbschaft steckt.

UNSER RAT

Wirksam ausschlagen

Überblick verschaffen. Ordnen Sie den Nachlass, um festzustellen, ob er überschuldet ist. Nahe Verwandte haben oft einen Schlüssel zur Wohnung des Verstorbenen. Suchen Sie nach Kontoauszügen.

Keine Bedingung stellen. Knüpfen Sie keine Bedingung an die Ausschlagung. Die Erklärung „Ich schlage die Erbschaft nur aus, wenn sie überschuldet ist“ ist unwirksam und führt dazu, dass die Erbschaft als angenommen gilt.

Andere Gründe bedenken. Nicht nur Schulden sind Grund für eine Ausschlagung. Manchmal geht es um rechnerische Winkelzüge: Sind Sie als Ehepartner gesetzlicher Erbe und lebten Sie in Zugewinngemeinschaft, kann eine Ausschlagung von Vorteil sein – dann nämlich, wenn Sie selbst keinen oder nur geringen Zugewinn erzielt haben. Unter Umständen bekommen Sie nämlich mehr Geld, wenn Sie den Zugewinn konkret geltend machen und daneben noch den Pflichtteil. Ausnahmsweise bleibt der Pflichtteilsanspruch trotz Ausschlagung bestehen. Wenden Sie sich an einen Fachanwalt für Erbrecht.

Bestattung zahlen. Schlagen Sie als Angehöriger die Erbschaft aus, müssen Sie oft trotzdem die Kosten für die Bestattung tragen (siehe „Wer ist für die Bestattung zuständig?“, S. 14).

Ab wann die Frist läuft

Die Frist für die Ausschlagung beginnt nur dann zu laufen, wenn der Hinterbliebene weiß, dass er Erbe ist. Dafür braucht es in der Regel keine offizielle Bekanntgabe, zum Beispiel durch das Nachlassgericht. Es gilt: Wenn der Erbe das Verwandtschaftsverhältnis kennt, ist davon auszugehen, dass er auch um sein gesetzliches Erbrecht weiß. Nahe Verwandte können sich also nicht darauf berufen, sie hätten die sechswöchige Frist verpasst, weil sie sich nicht für Erben gehalten haben.

Anders sieht es aus, wenn der Verstorbene ein Testament hinterlassen hat und eine Person zum Erben gemacht hat, mit der er nicht verwandt war. Der im Testament benannte Erbe erfährt dann vielleicht erst durch das Nachlassgericht von seiner Erbenstellung. Die Frist beginnt auch erst dann zu laufen.

SCHRITT-FÜR-SCHRITT-ANLEITUNG

Die überschuldete Erbschaft ausschlagen

Wenn Sie wissen, dass der Nachlass überschuldet ist, schlagen Sie das Erbe am besten rechtzeitig aus. Dafür brauchen Sie Ihren Personalausweis und 30 Euro für die Kosten, die bei Gericht entstehen.

Schritt 1 Halten Sie die Frist ein. Sie haben sechs Wochen Zeit. Die Frist beginnt, wenn der Erbfall eingetreten ist und Sie wissen, dass Sie Erbe sind. Es gilt: Wer das Verwandtschaftsverhältnis kennt, weiß um sein gesetzliches Erbrecht. Sie werden also meist nicht extra benachrichtigt. Lebte der Verstorbene im Ausland oder halten Sie sich als Erbe außerhalb von Deutschland auf, verlängert sich die Frist auf sechs Monate.

Schritt 2 Sie können wählen, ob Sie sich an das Nachlassgericht am letzten gewöhnlichen Aufenthaltsort des Verstorbenen oder an das an Ihrem letzten gewöhnlichen Aufenthaltsort wenden. Das Gericht am eigenen Wohnsitz aufzusuchen, ist meist einfacher. Nachlassgerichte sind bei den Amtsgerichten angesiedelt. Im Internet können Sie herausfinden, welches Gericht zuständig ist, zum Beispiel mithilfe Ihrer Postleitzahl auf der Website Justiz.de. Sie können auch beim Notar erklären, dass Sie ausschlagen möchten. Der Notar leitet die Erklärung ans zuständige Nachlassgericht weiter.

Schritt 3 Gehen Sie zum Nachlassgericht oder Notar und denken Sie daran, dass Sie sich ausweisen müssen. Das Ausschlagen kostet Geld: Beim überschuldeten Nachlass 30 Euro. Beim Notar kommen Bearbeitungspauschalen und Mehrwertsteuer hinzu.

Schritt 4 Informieren Sie Ihre Verwandten, wenn Sie das Erbe ausgeschlagen haben. Denn wenn Sie ablehnen, fällt die Erbschaft dem Nächsten in der gesetzlichen Erbfolge zu. Auch ihm bleiben sechs Wochen, um die Schulden gegebenenfalls loszuwerden. Die Frist beginnt, wenn Ihr Verwandter Post vom Nachlassgericht bekommt. Wenn Sie minderjährige Kinder haben, müssen Sie auch für diese das Erbe ausschlagen.

Tipp Wenn Sie die Frist zur Ausschlagung verpassen, können Sie immer noch verhindern, dass Sie die Schulden aus eigener Tasche zahlen müssen. Sie können zum Beispiel die Haftung auf den Nachlass beschränken. Im Einzelfall ist es auch möglich, die Annahme anzufechten (siehe „Hilfe, Ausschlagungsfrist verpasst!“, rechts).

Persönlich vor Gericht

Steht für den Erben fest, dass er die Erbschaft ausschlagen will, muss er sich ans Nachlassgericht wenden. Zuständig ist sowohl das Nachlassgericht an seinem Wohnsitz als auch das am letzten Wohnsitz des Verstorbenen. Telefonisch, per Brief, Fax oder E-Mail kann der Erbe nicht ablehnen. Er muss bei Gericht erscheinen, die Erklärung persönlich abgeben und sich ausweisen. Einen Termin braucht er für die Ausschlagung nicht. Eine andere Möglichkeit: Der Erbe erklärt bei einem Notar, dass er die Erbschaft ausschlagen möchte. Dieser schickt die Erklärung an das zuständige Nachlassgericht.

Fürs Ausschlagen fallen bei Gericht und Notar Gebühren an, die sich nach dem Wert des Nachlasses richten. Ist der Nachlass überschuldet, muss der Erbe bei Gericht nur eine Mindestgebühr von 30 Euro zahlen.

Wer das Erbe aus anderen Gründen ausschlägt – beispielsweise weil es sich um ein sanierungsbedürftiges Haus handelt –, muss eine höhere Gebühr zahlen. Je größer die ausgeschlagene Erbschaft, desto mehr zahlt der Erbe.

Formular. Im Formularteil dieses Buches (ab S. 107) finden Sie einen Vordruck für die Ausschlagung. Wenn Sie ihn nutzen, müssen Sie Ihre Unterschrift beglaubigen lassen.

Gesetzliche Erbfolge zählt

Schlägt jemand eine Erbschaft aus, landet sie beim nächsten in der gesetzlichen Erbfolge. Diese regelt, dass Verwandte in einer bestimmten Rangfolge erben. Ehe- und eingetragene Lebenspartner haben ein spezielles gesetzliches Erbrecht. Ansonsten stehen Kinder an erster Stelle, dann Enkel oder Urenkel. Wenn der Verstorbene keine hat, erben seine Eltern, Geschwister, Nichten und Neffen („Gesetzliche Erbfolge“, S. 40).

Gibt es ein Testament und der Erbe möchte das ihm Zugesprochene nicht haben, wird der Nachlass ebenfalls nach der gesetzlichen Erbfolge verteilt. Auch der neue Erbe hat sechs Wochen Zeit, die Erbschaft auszuschlagen. Die Frist beginnt, wenn ihm das Nachlassgericht mitteilt, dass er Erbe geworden ist.

Beispiel: Nach dem Tod seines Vaters Dieter schlägt der kinderlose Jan das verschuldete Erbe aus. Da Dieters Eltern tot sind, ist dessen Schwester Petra – Jans Tante – die nächste in der gesetzlichen Erbfolge. Auch sie schlägt die Erbschaft aus, die dann an ihre Tochter wandert, Jans Cousine. Wenn diese für sich und ihre minderjährigen Kinder die Ausschlagung erklärt hat, gibt es keine Erben in der Verwandtschaft mehr.

Haben alle Erben die Erbschaft ausgeschlagen, landet sie beim Staat. Der macht das Hab und Gut des Verstorbenen, sofern noch vorhanden, zu Geld und tilgt damit vielleicht einen Teil der Schulden. Für den Rest haftet der Staat nicht. Die Gläubiger gehen leer aus.

Hilfe, Ausschlagungsfrist verpasst!

Anfechtung. Haben Sie die Ausschlagungsfrist versäumt, werden Sie Erbe. Wollen Sie die Erbschaft dennoch loswerden, sollten Sie einen Fachanwalt für Erbrecht beauftragen. Sie können das Versäumen der Frist anfechten, wenn Ihnen nicht klar war, dass der Fristablauf zur Annahme führt. Sie können aber auch die Annahme als solche anfechten, wenn plötzlich Schulden auftauchen, von denen Sie nichts gewusst haben.

Nachlassverwaltung. Um den Schulden zu entkommen, bleibt Ihnen noch ein anderer Weg. Sie können Ihre Haftung beschränken. Das heißt: Die Schulden werden nur aus dem Nachlass gezahlt. Mit Ihrem eigenen Vermögen müssen Sie nicht einstehen. Eine Haftungsbeschränkung auf den Nachlass können Sie herbeiführen, indem Sie beim Nachlassgericht die Anordnung der Nachlassverwaltung beantragen. Das bietet sich nicht nur nach Ablauf der Ausschlagungsfrist an, sondern auch, wenn der Nachlass unübersichtlich ist, das heißt, wenn Sie noch nicht wissen, ob Schulden drohen.

Nachlassinsolvenz. Ist der Nachlass ersichtlich überschuldet, können Sie nach Annahme der Erbschaft beim Insolvenzgericht die Eröffnung eines Nachlassinsolvenzverfahrens beantragen.

Wenn es mehrere Erben gibt – Erbengemeinschaft

Erben mehrere Personen, spricht man von einer Erbengemeinschaft. In einer Erbengemeinschaft können nur alle gemeinsam über den Nachlass entscheiden – leichter gesagt als getan.

Nicht selten wird nach dem Tod eines Menschen gestritten. Wenn es um das Verteilen von Vermögen geht, kennen viele Erben weder Freunde noch Verwandte. Solche Konflikte reißen ganze Familien auseinander und enden oft vor Gericht. Ein häufiger Grund dafür ist, dass der Verstorbene nicht angeordnet hat, was nach seinem Tod mit seinem Vermögen geschehen soll und wer was bekommt.

Zweckbündnis auf Zeit

Gibt es weder ein Testament noch einen Erbvertrag, greift die gesetzliche Erbfolge. Danach erben die Angehörigen des Verstorbenen in einer bestimmten Rangfolge. An erster Stelle stehen Kinder, Enkel oder Urenkel, dann folgen Eltern, Geschwister, Nichten und Neffen. Stets erbberechtigt sind zudem Ehegatten und eingetragene Lebenspartner des Verstorbenen. Stiefkinder bleiben bei der gesetzlichen Erbfolge außen vor, ebenso unverheiratete Partner. Mehrere Erben bilden eine Erbengemeinschaft. Die ergibt sich aber auch, wenn der Verstorbene mehrere Personen in einer letztwilligen Verfügung zu seinen Erben gemacht hat.

In der Erbengemeinschaft gilt: Allen gehört alles. Das bedeutet: Über den Nachlass verfügen können nur alle Erben der Gemeinschaft zusammen. Juristen nennen das Gesamthandsgemeinschaft. „Bis auf wenige Ausnahmen ist es Sinn und Zweck jeder Erbengemeinschaft, sich auseinanderzusetzen – das heißt, sich über die Verteilung des Erbes zu einigen", sagt Ralf Mangold, Fachanwalt für Erbrecht aus Köln. Im Idealfall gelingt das einvernehmlich, dann löst sich die Zwangsgemeinschaft schnell wieder auf. In anderen Fällen ist der Weg zu einer Einigung lang und steinig.

„Ich unterscheide vier Phasen der Erbengemeinschaft", erklärt Fachanwalt Mangold. „Zunächst ist festzustellen, wer alles Erbe geworden ist, danach der Umfang des Nachlasses. In der dritten Phase verwaltet die Gemeinschaft das Erbe gemeinsam, bis sich alle Erben einig sind, wer was bekommt und wann. Der vierte Schritt ist die Auseinandersetzung." Jede Phase bietet Konfliktpotenzial. „Sobald mehrere Erben vorhanden sind, treffen häufig unterschiedliche Interessen und Sympathien aufeinander. Auch familiäre Enttäuschungen spielen eine Rolle", so der Anwalt. „Streitigkeiten in Erbengemeinschaften werden häufig sehr emotional, manchmal sogar irrational ausgetragen."

Wer das vermeiden und kein Mitglied der Gemeinschaft sein will, muss sein Erbe ausschlagen („Das Erbe ausschlagen", S. 48). Allerdings geht derjenige dann meistens ganz leer aus.

Kaum Alleingänge möglich

Erben mehrere Personen und sind keine Quoten festgelegt, geht der Nachlass des Verstorbenen – der sowohl sein Vermögen als auch seine Schulden umfasst – zu gleichen Teilen an alle Miterben über.

Beispiel: Jens hat seine beiden Söhne Felix und Tobias testamentarisch als Erben eingesetzt. Er hinterlässt ihnen ein Auto und ein wertvolles Gemälde. Beides gehört seinen Kindern gemeinsam. Folglich erbt nicht Felix das Auto und Tobias das Gemälde oder umgekehrt, sondern beide beides. Das hat Folgen. Jeder Miterbe kann nur über seinen Gesamtanteil an der Erbengemeinschaft, nicht aber über seinen Anteil an einzelnen Nachlassgegenständen verfügen. Möchte etwa Felix das Auto des Vaters veräußern, kann er dies nur, wenn Tobias mit dem Verkauf einverstanden ist.

Zwar kann ein Erbe einzelne Gegenstände nicht verkaufen, sehr wohl aber seinen gesamten Anteil am Nachlass. Ein „Erbteilskaufvertrag" muss dafür vor einem Notar geschlossen werden. Soll ein Außenstehender den Anteil kaufen, können die Miterben eingreifen und ein Vorkaufsrecht geltend machen. Auf diesem Weg würden sie gemeinsam den Anteil des Abtrünnigen erhalten. Dafür haben die Miterben zwei Monate Zeit – gerechnet ab dem Moment, in dem sie über den geplanten Ausstieg informiert worden sind. Nehmen die Miterben ihr Vorkaufsrecht nicht wahr, tritt der Käufer in die Rechtsstellung des bisherigen Erben ein und gehört nun der Erbengemeinschaft an. Dasselbe gilt, wenn ein Dritter einen Anteil am Nachlass geschenkt bekommt.

Wichtig: Will ein Miterbe seinen Erbanteil verschenken, können die anderen das auch nicht durch ein Vorkaufsrecht verhindern.

UNSER RAT

Gütlich einigen

Entscheidungen. Über den Nachlass verfügen können Sie in einer Erbengemeinschaft nur mit Ihren Miterben gemeinsam. Geht es um die Verwaltung, etwa einer Immobilie, müssen Sie per Abstimmung entscheiden. Einige Maßnahmen erfordern nur eine einfache Mehrheit, andere müssen einstimmig beschlossen werden. Im Notfall kann auch einer allein entscheiden.

Kompromisse. Seien Sie bei Entscheidungen in einer Erbengemeinschaft kompromissbereit. Können Sie sich partout nicht einigen, kann Ihnen ein Mediator helfen. Streiten Sie über die Aufteilung des Nachlasses, kann auf Antrag auch ein Notar vermitteln.

Wenn einer der Miterben mehr weiß

Mancher Miterbe hatte vor dem Tod des Erblassers ein innigeres Verhältnis zu diesem als andere erbberechtigte Angehörige. Er kennt die Vermögensverhältnisse des Verstorbenen besser. In der Praxis stellt sich den Miterben oft die Frage, ob er sie umfassend über den Nachlass informieren muss.

Eine generelle Auskunftspflicht gibt es nicht. Ausnahmen sind möglich. Hat ein Miterbe zum Beispiel mit dem Verstorbenen in einer häuslichen Gemeinschaft gelebt, können die anderen verlangen, dass er ihnen etwa mitteilt, ob der Erblasser einzelne Nachlassgegenstände verliehen hat und falls ja, an wen. Eine solche Auskunft können Miterben notfalls vor Gericht einklagen. Hat die Erbengemeinschaft einen Miterben beauftragt, alle Geschäfte zu führen, muss er darüber Rechenschaft ablegen.

Für Erben bieten sich aber auch andere Wege, an Informationen über den Nachlass zu kommen. Sie können beispielsweise beim Nachlassgericht Einsicht in die Akten zum Erbfall beantragen, bei der Bank des Erblassers nach einer Kontoverlaufsübersicht fragen, sich beim Grundbuchamt über Immobilien oder beim Handelsregister über Unternehmen des Erblassers informieren.

Im Zweifel wird abgestimmt

Geht es an das Verwalten des Nachlasses, führt schon das häufig zum Streit. Zum Zankapfel kann etwa die Räum- und Streupflicht für ein geerbtes Grundstück oder das Vermieten einer Wohnung werden.

Mitglieder einer Erbengemeinschaft müssen Entscheidungen, die dem Erhalt oder der Sicherung des Nachlasses dienen, in der Regel gemeinsam treffen. Sind sie sich nicht einig, wird abgestimmt. Dabei zählt jedoch nicht jeder Miterbe gleich, sondern entsprechend seiner Erbquote, also seinem Anteil am Nachlass.

Beispiel: Konrad verstirbt und hinterlässt Ehefrau Marie sowie die Töchter Franziska und Judith. Die Eheleute lebten im Güterstand der Zugewinngemeinschaft. Marie erbt laut Gesetz die Hälfte, die Töchter jeweils ein Viertel. Alle drei bilden eine Erbengemeinschaft mit den entsprechenden Quoten. Maries Stimme würde bei Abstimmungen genauso viel zählen wie die Stimmen ihrer Töchter zusammen.

Für Maßnahmen im Rahmen der laufenden Verwaltung ohne große wirtschaftliche Bedeutung, etwa kleine Reparaturaufträge, reicht eine einfache Mehrheit. Schwerwiegende Beschlüsse, wie die Aufteilung des geerbten Mietshauses in Eigentumswohnungen, sind einstimmig zu treffen. Nur im Notfall, beispielsweise bei einem Rohrbruch im vererbten Haus, darf ein Miterbe allein entscheiden und dringende Maßnahmen einleiten. Für die Abstimmung ist keine Form vorgeschrieben.

Wichtig: Jeder Miterbe muss an der Verwaltung mitwirken. Drückt er sich, kann ein Gericht ihn dazu verpflichten.

Enterbte Angehörige

Nicht mitentscheiden dürfen Hinterbliebene des Verstorbenen, die dieser enterbt hat, indem er sie im Testament erst gar nicht benannt oder sie sogar ausdrücklich ausgeschlossen hat. Diese Hinterbliebenen gehören der Erbengemeinschaft nicht an.

Ist der Enterbte allerdings Pflichtteilsberechtigter – dazu zählen Abkömmlinge wie Kinder und Enkel, Eltern und Ehegatten oder eingetragene Lebenspartner –, kann er von der Erbengemeinschaft seine Mindestbeteiligung am Nachlass fordern. Diese ist halb so groß wie sein gesetzlicher Erbteil. Wer Anspruch auf einen solchen Pflichtteil hat, kann ihn von den Erben nur in Geld verlangen, er hat keinen Anspruch auf einzelne Gegenstände aus dem Nachlass.

Besteht Streit über den Pflichtteil, so kann der Pflichtteilsberechtigte nur gegen jeden einzelnen Erben vorgehen. Anders als etwa die Gesellschaft bürgerlichen Rechts, am ehesten unter ihrer Abkürzung GbR bekannt, ist die Erbengemeinschaft keine juristische Person. Klagen und verklagt werden müssen die einzelnen Erben. Das heißt in der Praxis: In einer Klage muss jeder Miterbe als Prozesspartei aufgeführt werden. Darüber hinaus sind einzelne Prozesse gegen Miterben möglich. Das gilt auch bei anderen Rechtsstreitigkeiten, etwa wenn der Vermieter des Verstorbenen noch offene Mietforderungen hat.

Anspruch auf Auseinandersetzung

Jeder Miterbe kann grundsätzlich jederzeit die Auflösung der Erbengemeinschaft verlangen – die „Erbauseinandersetzung“. Wenn sich alle Erben einig sind, können sie den Nachlass aufteilen, wie sie möchten. Sie können sich sogar über Teilungsanordnungen oder Auseinandersetzungsverbote des Verstorbenen hinwegsetzen. Gibt es minderjährige Miterben und sind beispielsweise Entscheidungen über ein Grundstück zu treffen, muss das Familiengericht einbezogen werden.

Verweigert der Rest der Erbegemeinschaft die Auseinandersetzung, gibt es verschiedene Möglichkeiten für den Miterben, der ihre Auflösung wünscht. Er kann beim Notar beantragen, dass dieser unter den Streitenden vermittelt. Vermitteln kann auch ein Mediator oder ein Schiedsgericht, sofern sich die anderen Erben darauf einlassen („Mediation", rechts).

Die streitenden Erben können sich auch vor Gericht treffen. Der Miterbe, der die Auflösung der Gemeinschaft verlangt, kann auf Auseinandersetzung klagen. Dazu muss er einen Plan für die Teilung des Nachlasses bei Gericht einreichen. Das gesamte Vermögen des Erblassers wird darin aufgelistet. Hat die Klage Erfolg, muss der Nachlass so verteilt werden, wie es der Auseinandersetzungsplan bestimmt.

Ausgleich zusätzlich zum Erbteil

Bei jeder Auseinandersetzung gilt: Zunächst müssen die Schulden getilgt werden. Den Rest teilen die einzelnen Miterben nach ihren jeweiligen Erbquoten untereinander auf. Grundstücke etwa werden meist versteigert und der Erlös geteilt.

Einzelne Mitglieder der Erbengemeinschaft können manchmal Anspruch auf Ausgleichsleistungen durch ihre Miterben haben. Hat ein Erbe den Verstorbenen zum Beispiel über einen längeren Zeitraum gepflegt, kann er über seinen Erbteil hinaus einen Ausgleich aus dem Nachlass fordern.

Mediation
Schlichter holt alle an einen Tisch

Neutraler Dritter. Statt sich vor Gericht zu streiten, können Erben einen Mediator aufsuchen. Er hilft als neutraler Dritter, einen Konflikt auszuräumen und verbindliche Absprachen für die Zukunft zu treffen. Er moderiert das Gespräch. Die Streitenden entwickeln ihre Lösung selbst. Erben finden fachlich geeignete Mediatoren zum Beispiel beim Bundesverband Mediation (Bmev.de).

Weniger Kosten. Meist ist eine Mediation günstiger als der Weg vor Gericht, gerade wenn viel Geld im Spiel ist. Bei einem Prozess richten sich die Kosten unter anderem nach dem Streitwert des Verfahrens. Geht es bei einem Erbfall um ein Vermögen von rund 50 000 Euro, würde eine Klärung bei Gericht in erster Instanz mindestens 8 000 Euro kosten. Eine Mediation wäre deutlich günstiger. Das Honorar wird bei einem kostenlosen Erstgespräch vereinbart. Häufig bewegen sich die Kosten zwischen 80 und 200 Euro pro Stunde. Einige Rechtsschutzversicherer übernehmen – nur für den jeweilig Versicherten und oft bis zu einer vorgegebenen Grenze – die Kosten für eine Mediation, etwa die Huk24 im Tarif PBV Plus.

Kein Gericht. Mediation findet nur außerhalb eines Gerichts statt. Alle Beteiligten sind gesetzlich zur Verschwiegenheit verpflichtet. Eine erfolgreiche Mediation endet mit einer abschließenden Vereinbarung. Die Streitenden sollten die Vereinbarung vor der Unterschrift von einem Anwalt prüfen lassen, wenn bei der Mediation kein eigener Anwalt dabei war. Hält sich eine der Parteien nicht an die Abmachung, kann die andere Klage erheben und die Vereinbarung durchsetzen lassen. Scheitert eine Mediation, ist der Weg zum Gericht weiterhin offen.

Wenn ein Testamentsvollstrecker eingesetzt wurde

Testamentsvollstrecker verwalten den Nachlass im Auftrag des Verstorbenen. Nicht immer sind Erben mit den Entscheidungen des Treuhänders glücklich.

Um Streit unter mehreren Erben zu verhindern, wird oft ein Testamentsvollstrecker im Testament oder Erbvertrag eingesetzt. Der Verstorbene wollte so sicherstellen, dass sein Vermögen in seinem Sinne verteilt wird. Diesem Ziel folgt auch das Nachlassgericht, wenn es nach dem Willen des Erblassers einen Testamentsvollstrecker ernennt.

Wie weit dessen Befugnisse gehen, richtet sich nach den Anordnungen des Erblassers. Diese muss der Testamentsvollstrecker grundsätzlich beachten. Er darf Teile des Nachlasses auch gegen den Willen der Erben verkaufen oder versteigern, wenn das Testament oder der Erbvertrag es vorsehen.

Hat der Testamentsvollstrecker das Amt angenommen, ist er verpflichtet, den Nachlass in seinen Besitz zu nehmen und zeitnah ein Verzeichnis über Nachlassgegenstände und Nachlassverbindlichkeiten zu erstellen. Darüber hinaus muss er die Erben regelmäßig über seine Arbeit informieren und die Erbschaftsteuererklärung abgeben.

Bei mehreren Erben gilt in der Regel eine „Abwicklungsvollstreckung“: Der Testamentsvollstrecker teilt den Nachlass unter Erben und Vermächtnisnehmern auf und kontrolliert, dass Auflagen erfüllt werden, etwa der Hund des Verstorbenen versorgt wird. Missachtet ein Erbe eine Auflage, kann er vor Gericht auf deren Einhaltung klagen. Seine Tätigkeit ist beendet, wenn er das Erbe auseinandergesetzt hat und die Erbschaftsteuer beglichen ist.

Bei der Dauertestamentsvollstreckung verwaltet der Testamentsvollstrecker den Nachlass dagegen für eine zuvor festgelegte Zeit, während der die Erben nicht an den Nachlass herankommen. Nur wenn sie das Erbe ausschlagen und ihren Pflichtteilsanspruch geltend machen, fließt Geld. Das passiert oft, wenn der Nachlass für einen minderjährigen Erben verwaltet werden soll, bis er volljährig ist und selbst darüber entscheiden kann. Der Testamentsvollstrecker kann zum Beispiel Immobilien vermieten oder Geld anlegen, um das Vermögen zu vermehren. Die Erben können jährliche Rechnungslegung verlangen.

Erben können sich des Testamentsvollstreckers nur in Ausnahmefällen entledigen, etwa wenn er sich aus dem Nachlass ein Darlehen nimmt. Dazu müssen sie beim Nachlassgericht seine Entlassung beantragen. Haben die Erben durch Fehler des Testamentsvollstreckers finanzielle Nachteile erlitten, muss er sie entschädigen.

UNSER RAT

Unabhängiger Verwalter

Verhältnis. Als Erbe haben Sie keinerlei Weisungsbefugnis gegenüber dem Testamentsvollstrecker. Er kann Sie aber bei wichtigen Entscheidungen einbinden. Das Nachlassgericht entlässt ihn auf Antrag, etwa bei einem groben Fehler.

Bezahlung. Er bekommt laut Gesetz eine „angemessene“ Vergütung aus dem Nachlass. Die Höhe ist nicht festgelegt. Hat der Erblasser keine Vorgaben gemacht, hilft zum Beispiel die „Neue Rheinische Tabelle“ des Deutschen Notarvereins.

Erbfall im Ausland

Für grenzüberschreitende Erbschaften gilt eine Richtlinie der Europäischen Union. Sie vereinfacht das Erben in Europa.

Rund 16 Millionen Europäer leben derzeit nicht in ihrem Heimatland. Jährlich etwa 450 000 Erbschaften in der EU haben einen Auslandsbezug. Das kann zu Verwirrungen führen. Welches Recht gilt, wenn ein Deutscher stirbt, der eine Finca in Spanien und ein Konto in den Niederlanden hatte und seinen Lebensabend in Südtirol verbrachte?

Für Todesfälle seit 17. August 2015 ist die Europäische Erbrechtsverordnung (EU-ErbVO) anzuwenden – in allen EU-Staaten mit Ausnahme des Vereinigten Königreichs, Irlands und Dänemarks. Die Verordnung enthält Bestimmungen zu Erbfällen mit „Auslandsberührung". Das bedeutet, dass der Verstorbene nicht die Staatsangehörigkeit eines Wohnsitzlandes hatte, Vermögen im Ausland hinterlässt oder mit einem Angehörigen eines anderen Staates verheiratet war.

Stirbt ein deutscher Staatsangehöriger, ist so nicht mehr automatisch deutsches Erbrecht anwendbar. Stattdessen gilt grundsätzlich das Recht des Staates des letzten gewöhnlichen Aufenthalts des Verstorbenen. Um zu bestimmen, welcher Ort das ist, wird auf den Lebensmittelpunkt des Verstorbenen mit seinen sozialen, beruflichen und familiären Bindungen abgestellt. Die Dauer und Regelmäßigkeit des Aufenthalts und die Festigkeit der Beziehung zu einem Staat spielen ebenfalls eine große Rolle. Ein Indiz dabei können die Staatsangehörigkeit, Vermögensgegenstände und Kenntnisse der Landessprache sein, die der Verstorbene hatte.

Welches nationale Erbrecht zum Einsatz kommt, wird einheitlich für den gesamten Nachlass bestimmt. Hatte beispielsweise ein deutscher Staatsangehöriger seinen letzten gewöhnlichen Aufenthalt in Italien, so gilt das italienische Erbrecht für das gesamte Vermögen.

Wer im Ausland lebt, aber trotzdem will, dass im Falle seines Todes das Erbrecht seines Heimatstaates Anwendung findet, kann eine sogenannte Rechtswahl treffen. Diese muss allerdings entweder im Testament oder in einem Erbvertrag erfolgen.

Mit dem mit der Verordnung auch neu eingeführten Europäischen Nachlasszeugnis können Erben ihre Erbenstellung in anderen EU-Ländern jetzt leichter nachweisen. Sie müssen das Nachlasszeugnis aber nicht verwenden – es stellt nur einen zusätzlichen Erbnachweis neben dem deutschen Erbschein dar.

Renten und Geld aus Versicherungen

Wie Hinterbliebene nach einem Todesfall abgesichert sind, kann von existenzieller Bedeutung sein. Eine Lebensversicherung sorgt oft dafür, dass der Tod des Hauptverdieners wenigstens in finanzieller Hinsicht keine allzu großen Lücken reißt. Witwen- und Waisenrente sind staatliche Leistungen, die der Familie helfen können.

All diese Leistungen fließen nicht automatisch. Sie müssen sie beantragen – manche von ihnen möglichst schnell. Hier erfahren Sie, wie Sie das tun und was Sie dabei beachten sollten.

Lebensversicherungen

Wenn der Verstorbene eine Lebensversicherung abgeschlossen hatte, sollten Angehörige schnell aktiv werden.

So schwer es fallen mag, nach dem Tod des Partners oder der Eltern den Versicherungsordner in die Hand zu nehmen: Die Hinterbliebenen haben nicht viel Zeit, wenn sie Geld aus einer Lebens- oder einer Sterbegeldversicherung erwarten. Die Vertragsbedingungen sehen vor, dass der Versicherer möglichst schnell über den Tod der versicherten Person zu informieren ist.

Ein Lebensversicherer muss die vereinbarte Versicherungssumme an die Personen auszahlen, die im Versicherungsschein als Bezugsberechtigte eingetragen sind. „An die Angabe muss sich der Versicherer halten, auch wenn sie nicht mehr zu den familiären Verhältnissen des Versicherten passte", sagt Arno Schubach, Fachanwalt für Versicherungsrecht aus Frankfurt. „Ist etwa in einem älteren Vertrag die erste Ehefrau eines Verstorbenen als Bezugsberechtigte namentlich benannt, muss der Versicherer an sie zahlen." Das gilt selbst dann, wenn das Paar längst geschieden ist und der Mann nur vergessen hatte, seine zweite Frau als neue Bezugsberechtigte eintragen zu lassen. Ihr bleibe dann nur, das Geld von ihrer Vorgängerin einzuklagen. „Je nach Einzelfall kann sie damit vor Gericht Erfolg haben", so Fachanwalt Schubach.

Hatte der Verstorbene keinen Bezugsberechtigten benannt, fällt die Versicherungssumme in die Erbmasse. Sie wird dann zusammen mit allen anderen Werten, die der Verstorbene hinterlassen hat, entsprechend dem Erbanteil unter den Erben aufgeteilt.

Je nach Art der Versicherung und den vereinbarten Bedingungen fließt das Geld manchmal auch nicht an die Familie oder nahe Angehörige. Hatte der Verstorbene zum Beispiel eine spezielle Risikolebensversicherung zur Absicherung eines Immobilienkredits – eine Restschuldversicherung – abgeschlossen, kann es sein, dass die Versicherung den restlichen Kredit direkt bei der Bank tilgt.

Handelt es sich um eine Sterbegeldversicherung, mit der für die Finanzierung der Beerdigung gespart wurde, geht das Geld eventuell direkt an ein Bestattungsunternehmen. Dies kann in einem Vertrag zur Bestattungsvorsorge vereinbart worden sein.

Schnell informieren

Damit der Lebens- oder Sterbegeldversicherer zahlt, dürfen die Hinterbliebenen nicht allzu viel Zeit verlieren: So heißt es etwa in den Vertragsbedingungen für eine Risiko- oder Kapitallebensversicherung, dass der Tod des Versicherten „unverzüglich", ohne schuldhaftes Zögern, zu melden ist. Fachanwalt Schubach rät deshalb: „Wenn Angehörige wissen, dass es eine Lebensversicherung gibt, sollten sie den Versicherer möglichst innerhalb der ersten zwei Tage nach dem Tod informieren." Dazu reicht eine E-Mail oder ein Fax: „Wichtig ist, dass sie nachweisen können, dass sie die Nachricht abgeschickt haben." Im Normalfall werden die Angehörigen anschließend vom Versicherer eine Rückmeldung mit Informationen erhalten, wie das weitere Vorgehen ist und welche Unterlagen benötigt werden. Meldet sich der Versicherer nicht innerhalb weniger Tage zurück, sollten die Hinterbliebenen unbedingt nachhaken.

Den Tod des Versicherten schnell zu melden, ist umso wichtiger, wenn die Todesursache nicht eindeutig ist – etwa wenn unklar ist, ob ein Tod durch Unfall vorliegt und laut Vertrag für diesen Fall eine deutlich höhere Versicherungssumme gezahlt wird. „Dann ist es ja auch im Interesse der Familie, wenn der Versicherer noch die Möglichkeit hat, die entsprechenden Untersuchungen einzuleiten“, sagt Anwalt Schubach.

Doch was, wenn Angehörige es nicht so zeitig schaffen, den Tod zu melden? „Sind Partnerin oder Partner des Verstorbenen so mitgenommen, dass sie es vielleicht erst eine Woche nach dem Tod des Versicherten schaffen, diesen zu melden, wird das im Normalfall keine schuldhafte Verzögerung sein, die der Auszahlung im Weg steht“, sagt Thomas Menning, Leiter Mathematik und Produktfragen beim Gesamtverband der Deutschen Versicherungswirtschaft (GDV).

Im Einzelfall kann es sein, dass die Angehörigen gar nichts von der Lebensversicherung wissen. „Stellt die Familie das erst beim Sichten der Unterlagen fest, sollte sie sich nach dem Auffinden der Police schnellstmöglich melden“, so Thomas Menning. Hinterbliebenen, die nicht sicher sind, ob es einen Vertrag gibt, rät er, einen Blick in die Kontodaten zu werfen: „Sie sollten die Abbuchungen der letzten zwölf Monate nach Zahlungen an einen Versicherer durchsehen.“

UNSER RAT

Rasch handeln

Informieren. Bei der Lebensversicherung geht es um eine Menge Geld. Deshalb sollten Sie keine Zeit verlieren und möglichst schon in den ersten zwei Tagen nach dem Tod des Partners oder Angehörigen Kontakt zum Versicherer aufnehmen. In der privaten Unfallversicherung gilt sogar vertraglich die Pflicht, den Unfalltod des Versicherten innerhalb von 48 Stunden zu melden.

Unsicherheit. Selbst wenn Sie nicht sicher sind, ob Sie Anspruch auf das Geld aus der Versicherung haben, etwa nach einem Suizid des Angehörigen, informieren Sie den Versicherer zeitnah. Holen Sie sich anwaltlichen Rat, wenn es Probleme mit der Auszahlung gibt.

Steuer. Sie müssen eine Erbschaft innerhalb von drei Monaten beim Finanzamt anzeigen. Die Versicherer sind verpflichtet, die Auszahlung einer Lebensversicherung an die Hinterbliebenen dem Finanzamt zu melden. Dafür kann Erbschaftsteuer fällig werden.

Antrag stellen – Unterlagen einreichen

Mit der Meldung des Todesfalls sind die Pflichten der Angehörigen noch nicht erledigt. „Ist in der Police ein Begünstigter benannt, muss er die Auszahlung der Leistung schriftlich beantragen und einige Unterlagen einreichen“, sagt Thomas Menning.

Benötigt werden auf jeden Fall eine beglaubigte Kopie der Sterbeurkunde und eine ärztliche oder amtliche Bescheinigung, aus der die Todesursache hervorgeht. Je nach Einzelfall verlangt der Versicherer weitere Dokumente, etwa medizinische Unterlagen, wenn er Zweifel hat, dass beim Vertragsabschluss korrekte Angaben zum Gesundheitszustand gemacht wurden.

Die Hinterbliebenen müssen außerdem den Versicherungsschein – die Police – im Original einreichen. Finden sie sie nicht, füllen sie eine Verlustanzeige des Versicherers aus. Er wird ihnen dann den Verlust bestätigen – die ursprüngliche Police wird ungültig. Schließlich benötigt der Versicherer noch Kontodaten für die Überweisung.

Vor der Auszahlung wird sich der in der Police benannte Bezugsberechtigte identifi-

CHECKLISTE

So gehen Sie vor

1 **Meldung.** Wenn Sie wissen, dass es eine Lebensversicherung gibt, informieren Sie den Versicherer wenn möglich in den ersten zwei Tagen nach dem Tod der versicherten Person, zum Beispiel per E-Mail oder Fax. Bewahren Sie die Versandbestätigung auf. Es ist nicht nötig, diese Meldung per Einschreiben zu schicken.

2 **Suche.** Sie sind nicht sicher, ob es eine Versicherung gibt? Schauen Sie nach einem Versicherungsordner des Verstorbenen. Werden Sie nicht fündig, suchen Sie in den Kontounterlagen nach Abbuchungen, die auf eine Lebensversicherung hindeuten. Wissen Sie, mit welchem Versicherungsvermittler der Verstorbene zu tun hatte, sollten Sie auch bei ihm nachfragen.

3 **Unterlagen.** Wenn Sie den Todesfall gemeldet haben, wird sich der Versicherer mit Ihnen in Verbindung setzen und Ihnen sagen, welche Unterlagen benötigt werden, unter anderem der Versicherungsschein, die Sterbeurkunde und eine Information über die Todesursache. Reichen Sie die vom Versicherer verlangten Dokumente ein. Schicken Sie Originale zur Sicherheit per Einschreiben mit Rückschein.

4 **Antrag.** Wenn Sie Bezugsberechtigter der Versicherung sind, beantragen Sie schriftlich die Auszahlung der Versicherungssumme.

5 **Prüfung.** Vor der Auszahlung wird das Versicherungsunternehmen den Fall prüfen: Gibt es Ungereimtheiten? Je nach Einzelfall fordert es vielleicht weitere Unterlagen an, etwa zum Gesundheitszustand vor dem Tod des Hinterbliebenen oder zu polizeilichen Ermittlungen.

6 **Absage.** Lehnt der Versicherer die Auszahlung der vertraglich vereinbarten Summe ab, holen Sie sich den Rat eines Fachanwalts, um das weitere Vorgehen zu besprechen.

zieren müssen, etwa per Postident-Verfahren oder durch Vorlage seines Personalausweises in einer Agentur der Versicherungsgesellschaft vor Ort.

Nicht immer läuft alles glatt

„Wenn der Fall eindeutig ist, sollte es möglich sein, dass die Versicherungssumme innerhalb von zwei Wochen auf dem Konto des Begünstigten ist", sagt Thomas Menning vom GDV. Allerdings kann es je nach Einzelfall deutlich länger dauern. „Gerade bei Risikolebensversicherungen geht es ja häufig um große Summen. Dann schauen sich die Versicherer den Fall schon sehr genau an, etwa wenn der Versicherte bereits kurz nach Vertragsabschluss verstorben ist."

Der Versicherer hat aber keinen Anspruch darauf, dass ein Arzt Auskunft zum Gesundheitszustand des inzwischen verstorbenen Patienten erteilt, wenn dieser ihn nicht von der Schweigepflicht entbunden hatte: Die ärztliche Schweigepflicht gelte über den Tod hinaus, urteilte das Oberlandesgericht Karlsruhe (Az. 12 W 37/14).

Streit zwischen Angehörigen und Versicherern ist auch nach einem Suizid der versicherten Person möglich. „Ein Lebensversicherer muss in aller Regel nicht zahlen, wenn die Selbsttötung in den ersten drei Jahren nach Vertragsabschluss erfolgte", sagt Rechtsanwalt Schubach. Nach Ablauf dieser drei Jahre bestehe auch bei Selbsttötung Anspruch auf die Versicherungsleistung. Das sei vielen Angehörigen gar nicht bewusst.

Private Zusatzrenten

Ob Hinterbliebene von der Zusatzrente eines Verstorbenen profitieren, hängt von der Vertragsart und besonderen Vereinbarungen ab.

Betriebsrente, Riester-Rente, Rürup-Rente oder private Rentenversicherung: Meistens kann das Vermögen darin zumindest zum Teil hinterbliebenen Familienangehörigen zugutekommen. Manchmal muss der Verstorbene zu Lebzeiten entsprechende Regelungen vereinbart haben.

Betriebliche Altersversorgung

In Betriebsrenten ist oft ein Hinterbliebenenschutz vorgesehen. Je nach Umfang der Zusatzversorgung kann das eine recht ordentliche Absicherung sein. Grundsätzlich profitieren nur nächste Angehörige. Das sind der Ehepartner oder Lebenspartner zum Zeitpunkt des Todes des Betriebsrentners und dessen kindergeldberechtigte Kinder.

Varianten für Hinterbliebenenschutz werden von Pensionskassen, Versicherern oder Pensionsfonds angeboten. Es kann ein kleiner Schutz in den Versorgungsvertrag integriert sein, sodass die Beiträge bei Tod des Versicherten nicht verloren sind. Dieses Restkapital kann als Rente, bei Kleinstbeträgen auch in einer Summe ausgezahlt werden. Der Verstorbene oder seine Firma können aber auch über eine Zusatzversorgung die Höhe der Hinterbliebenenrenten individuell bestimmt haben. Je höher die Versorgung der Lieben, desto teurer war das für den Vorsorgenden.

Für die Auszahlphase kann auch nur eine Rentengarantiezeit vereinbart sein. Lief sie beim Ableben des Betriebsrentners noch, erhalten die Erben ausstehende Renten bis zum Ende der Garantiezeit weiter.

Riester-Rente erben

Für die Riester-Rente gelten allgemeine Hinterbliebenenregeln: Stirbt der Sparer vor Rentenbeginn, kann der Ehe- oder eingetragene Lebenspartner, mit dem er zusammenlebte, das Ersparte bekommen, ohne die Förderung zurückzuzahlen. Er muss es aber auf einen eigenen Riester-Vertrag übertragen.

Diesen Vertrag kann ein Hinterbliebener speziell dafür abschließen. Ist er bereits im Rentenalter, bekommt er daraus sofort eine lebenslange, steuerpflichtige Rente. Ist er jünger, beginnt die Auszahlung mit seinem Rentenbeginn. Ob der erbende Partner Riester-förderberechtigt ist, spielt keine Rolle.

Hatte der Partner schon einen Riester-Vertrag, kann er das Vermögen des Verstorbenen dorthin übertragen. In der Praxis sind die Anbieter hier nicht entgegenkommend, wie wir aus Zuschriften wissen. Lieber bieten sie dann einen sogenannten Nachlassvertrag nur für das ererbte Riester-Vermögen an.

Ausgezahltes Riester-Vermögen

Ein hinterbliebener Ehepartner kann sich das Riester-Geld des Verstorbenen auch auf einen Schlag auszahlen lassen. Die Auszahlung verringert sich dann aber um die staatliche Förderung aus Zulagen und möglichen Steuervorteilen, die für den Vertrag flossen.

Bei einer solchen „schädlichen Verwendung" ziehen die Anbieter die Förderung gleich ab. Geht das Riester-Geld nicht an den Ehepartner, sondern erben andere An-

UNSER RAT

Alles bedenken

Melden. Informieren Sie die Unternehmen, von denen Sie eine Hinterbliebenenleistung erhalten könnten, vom Tod Ihres Angehörigen. Sie sind verpflichtet, die Meldung unverzüglich zu machen, sobald Sie von einem möglichen Anspruch erfahren haben.

Unterlagen. Fragen Sie bei den Anbietern nach, welche Unterlagen Sie einreichen müssen und ob weitere Fristen einzuhalten sind.

Verwendung. Überlegen Sie sich, wie Sie eine Ihnen zustehende Auszahlung verwenden wollen. Lassen Sie sich verschiedene Szenarien vorrechnen, sofern es mehrere Möglichkeiten gibt, zum Beispiel eine Renten- oder eine Einmalzahlung oder – bei einer Riester-Rente – die Übertragung des ererbten Vermögens auf Ihren Riester-Vertrag.

Abgaben. Auf die Auszahlungen können Steuern und Sozialabgaben anfallen. Fragen Sie bei den Anbietern nach, um nicht unangenehm überrascht zu werden.

Wohn-Riester. Hat Ihr verstorbener Partner Kapital aus einem Wohn-Riester-Vertrag für eine eigene Immobilie genutzt, sind möglicherweise noch Steuerzahlungen dafür offen. Erkundigen Sie sich danach, damit Sie später keinen Ärger mit dem Finanzamt bekommen.

gehörige, wird die Förderung immer abgezogen. Weil die Zentrale Zulagenstelle für Altersvermögen (ZfA) für jeden Riester-Sparer ein Konto führt, ist die gesamte Förderung pro Vertrag gut dokumentiert. Die Restauszahlung ist erbschaftsteuerpflichtig, sofern der Freibetrag des Erben ausgeschöpft ist. Kapitalertragsteuer fällt nicht an.

In der Praxis kommt es zudem auf vertragliche Regelungen und die Vertragsart an.

→ Riester-Rentenversicherungen müssen eine Leistung für den Todesfall ausdrücklich vorsehen. Anderenfalls kann der hinterbliebene Partner das Ersparte nur über einen eigenen Riester-Vertrag für sich nutzen. Andere Erben würden leer ausgehen.

→ Bei Riester-Bank- und Riester-Fondssparplänen kann das Sparvermögen minus staatlicher Förderung hingegen grundsätzlich an alle Erben ausgezahlt werden.

Riester-Rente in Auszahlphase erben

Je nach Produkt und Vertragsbedingungen kann auch etwas übrig sein, wenn ein Riester-Sparer erst in der Rentenphase verstirbt.

→ Bei Riester-Rentenversicherungen kommt es darauf an, ob eine Rentengarantiefrist vereinbart wurde. Läuft sie noch, zahlt der Versicherer die Rente bis zu deren Ende weiter an die Erben aus. Auch eine Einmalzahlung ist möglich. Die Förderung muss anteilig zurückgezahlt werden, es sei denn, der Ehepartner verwendet das Kapital für eine eigene Riester-Rente.

→ Bei Riester-Fondssparplänen und -Banksparplänen läuft die Auszahlung ab Rentenbeginn oft über einen Auszahlplan, was bis zum 85. Lebensjahr zulässig ist. Ab dann ist eine lebenslange Rente vorgeschrieben. Ist nach dem Tod des Riester-Sparers im Auszahlplan noch Vermögen, wird es an die Erben überwiesen. Auch hier bekommen nur Ehepartner das Geld ohne Abzüge, sofern sie es für ihren Riester-Vertrag verwenden.

Wohn-Riester

Bei Wohn-Riester-Verträgen kommt es für Hinterbliebene ebenfalls darauf an, ob ein Sparer vor oder nach Rentenbeginn ver-

CHECKLISTE

So beantragen Sie Hinterbliebenenleistungen

1 **Frist.** Sieht ein Altersvorsorgevertrag eine Leistung für Hinterbliebene vor, müssen diese den Anbieter unverzüglich über den Todesfall informieren. Das heißt „ohne schuldhaftes Zögern" und meint, sobald sie wissen, dass sie eine Leistung erwarten können. Anruf oder E-Mail reichen zunächst aus.

2 **Unterlagen.** Welche Unterlagen Sie einreichen müssen, um die Leistung zu erhalten, ist in den Vertragsbedingungen geregelt. Im Zweifel sollten Sie beim Versicherer nachfragen. In der Regel werden eine Sterbeurkunde, der Versicherungsschein und ein Identitätsnachweis des begünstigten Hinterbliebenen verlangt.

3 **Betriebsrente.** Leistungen aus einer Betriebsrente müssen schriftlich beim Anbieter beantragt werden. Häufig sind dafür umfangreiche Formulare auszufüllen, die Sie erst anfordern müssen. War die Betriebsrente für den Verstorbenen voll steuerpflichtig, gilt das auch für eine Hinterbliebenenrente daraus. Sind Sie gesetzlich kranken- und pflegeversichert, müssen Sie auf die Betriebsrente immer Beiträge zahlen. Hatte der Verstorbene bereits eine einmalige Kapitalleistung aus einer betrieblichen Altersversorgung erhalten, auf die er für zehn Jahre Kranken- und Pflegeversicherungsbeiträge zahlen müsste, endet diese Beitragspflicht mit seinem Tod.

4 **Leistungen aus einer Riester-Rente.** Eine Übertragung von Riester-Kapital auf den Vertrag des hinterbliebenen Ehepartners muss dieser beim Anbieter des Verstorbenen ebenfalls schriftlich beantragen. Das Gleiche gilt für eine Auszahlung des Sparvermögens an ihn oder andere Erben. In diesem Fall zieht der Anbieter automatisch vorab die staatliche Förderung aus Zulagen und Steuerfreiheit ab. Hatte der Riester-Rentner vor seinem Tod schon Leistungen empfangen, wird von einer möglichen Restauszahlung die Förderung anteilig abgezogen. Kapitalertragsteuer müssen Erben nicht darauf zahlen, aber möglicherweise Erbschaftsteuer. Werden noch Renten wegen einer laufenden Rentengarantiezeit ausbezahlt, sind sie steuerpflichtig.

5 **Leistungen aus einer Rürup-Rente.** Auch Hinterbliebenenleistungen aus einer Rürup-Rente müssen schriftlich beim Anbieter beantragt werden. Enthielt der Vertrag des verstorbenen Sparers eine steuerlich geförderte Hinterbliebenenabsicherung, müssen Sie den steuerpflichtigen Teil der „Basis-Rente", wie die Rürup-Rente von Versicherern oft genannt wird, mit seinem persönlichen Steuersatz versteuern. Das gilt nicht, wenn der verstorbene Rürup-Kunde mit einer speziellen Zusatzversicherung eine Todesfallleistung an seinen Vertrag angehängt und die Beiträge ohne steuerliche Begünstigung bezahlt hatte.

starb. Ehepartner können das Vermögen auf einem Wohnförderkonto bei Tod in der Ansparphase übernehmen, bei anderen Erben geht die Förderung vorher ab und es fällt Erbschaftsteuer an. Nach Rentenbeginn ist entscheidend, ob der Sparer die volle Steuer schon beglichen hatte. Falls nicht, müssen Erben ausstehende Steuerzahlungen ans Finanzamt überweisen.

Rürup-Rente nichts für Erben

Staatlich gefördert werden auch Rürup-Renten. Für Erben sind sie ungünstig.

Stirbt der Sparer in der Ansparphase, fällt das Kapital der Versichertengemeinschaft zu. Der Verstorbene kann aber eine zusätzliche Hinterbliebenenversorgung vereinbart haben. Dann bleibt doch etwas. Bis zu 49 Prozent des Beitrags konnte er dafür verwenden, ohne die steuerliche Förderung zu verlieren. Begünstigen konnte er damit aber nur seinen Ehe- oder Lebenspartner und seine Kinder, solange sie kindergeldberechtigt sind. Wie hoch die Hinterbliebenenleistung ist, hängt von den vertraglichen Vereinbarungen ab.

Auszahlungen hieraus werden steuerlich behandelt wie die Rürup-Rente. Haben die Kinder nach dem Tod des Rürup-Sparers keinen Anspruch auf Kindergeld mehr und gibt es keinen hinterbliebenen Ehepartner – zum Beispiel nach einer Scheidung –, verfällt der Anspruch.

Ein Rürup-Sparer kann seine Hinterbliebenenversorgung auch über eine gesonderte, steuerlich nicht begünstigte Zusatzversicherung geregelt haben. Dann kann er darin auch Lebensgefährten oder entferntere Verwandte als Bezugsberechtigte für die vereinbarte Todesfallleistung genannt haben.

Bestand gar kein Zusatzschutz, endet der Vertrag mit dem Tod des Rürup-Sparers. Restliches Sparvermögen ist für die Erben verloren.

Stirbt ein Sparer in der Auszahlphase, ist für Hinterbliebene keine Leistung aus dem Restvermögen vorgesehen, es sei denn, es lief noch eine Rentengarantiezeit.

Möglich ist auch, dass für den Ehe- oder Lebenspartner eine Hinterbliebenenrente vereinbart war. Dafür gibt es unterschiedliche Modelle je nach Anbieter. Die Rente für die Witwe oder den Witwer beläuft sich auf einen bestimmten Prozentsatz der bisherigen Rente. Oder die Rente bezieht sich auf das Vermögen bei Rentenbeginn abzüglich bereits ausgezahlter Renten. Oder die Hinterbliebenen erhalten bis zum Ende der Garantiezeit die Rente, die eigentlich der Versicherte bekommen hätte. Kinder können von solchen Renten profitieren, solange für sie Kindergeld gezahlt wird.

Private Rentenversicherung

In privaten Rentenversicherungen ohne staatliche Förderung wird häufig vereinbart, dass die eingezahlten Beiträge zurückgezahlt werden, wenn der Sparer in der Ansparphase stirbt. Seltener steht in der Police, dass stattdessen das angesparte Kapital ausgezahlt wird. Das kann dann eine etwas höhere Summe sein. Profitieren dürfen bei ungeförderten Rentenversicherungen nicht nur Erben, sondern alle Personen, die im Vertrag als Bezugsberechtigte genannt sind.

Auch ab Rentenbeginn kann noch Geld da sein, wenn nämlich eine Garantiezeit noch einiges vom Kapital rettet. Über eine Partnerversicherung können Kunden auch vereinbart haben, dass die Rente bis zum Tod des länger Lebenden läuft. Das ist jedoch recht teuer. Die Rentenzahlungen fallen dann insgesamt deutlich niedriger aus.

Praxisfall. Unter test.de/riester-erben ist der Fall einer Frau beschrieben, die den Riester-Vertrag ihres verstorbenen Mann übernehmen wollte.

Witwen- und Waisenrente

Zu den Leistungen der Rentenversicherung gehört die Rente für Hinterbliebene. Deren Höhe hängt von vielen Faktoren ab – nicht zuletzt auch von den eigenen Einkünften.

Wenn der Partner stirbt, kommen zur Trauer oft noch finanzielle Sorgen hinzu. Für viele Witwen und Witwer wird die Hinterbliebenenrente der gesetzlichen Rentenversicherung eine wichtige Einkommensquelle. Je nachdem wie alt der Hinterbliebene ist und wann das Paar geheiratet hat, fällt die Rente unterschiedlich hoch aus. In unserer Grafik „Welche Witwenrente würden Sie erhalten?", S. 69, lassen sich die Ansprüche Hinterbliebener gut überblicken.

Zum Jahr 2002 wurden die Leistungen aus der Hinterbliebenenrente neu geregelt. Seitdem werden parallel zwei Systeme angewendet: die Witwenrente nach altem und nach neuem Recht. Außerdem gibt es Unterschiede zwischen der „großen Witwenrente" und der „kleinen Witwenrente".

Die Ansprüche gelten gleichermaßen für Witwen wie für Witwer, für Ehepartner wie für Partner in eingetragenen Lebenspartnerschaften. Um den Text verständlicher zu halten, sprechen wir hier stellvertretend nur von Witwenrente und Ehepartnern.

Laut gesetzlicher Rentenversicherung beziehen nahezu 100 Prozent der Hinterbliebenen direkt eine große Witwenrente. Die kleine Witwenrente spielt nur für junge Hinterbliebene eine Rolle. 93 Prozent der erstmalig gezahlten Witwenrenten werden noch nach altem Recht gezahlt, weil die Ehen schon vor 2002 bestanden. Hinterbliebenenrenten nach neuem Recht unterscheiden sich in der Höhe und bei der Anrechnung der Einkünfte (siehe Grafik, S. 69).

Anspruch auf eine Witwenrente hat ein Ehepartner, wenn er bis zum Tod mit dem Verstorbenen verheiratet war. Ob die Ehepartner zusammen oder getrennt gelebt haben, spielt keine Rolle. Der Anspruch besteht aber erst, wenn die Ehe mindestens ein Jahr bestanden hat. Ausnahmen sind möglich, wenn der Partner zum Beispiel bei einem Unfall oder aufgrund einer plötzlichen Krankheit stirbt.

Außerdem muss der verstorbene Ehepartner eine Mindestversicherungszeit von fünf Jahren in der gesetzlichen Rentenversicherung erfüllt haben. Es ist nicht notwendig, dass der Hinterbliebene selbst in der Rentenversicherung versichert ist.

Der Anspruch entfällt, sobald der Hinterbliebene erneut heiratet. Er bekommt dann jedoch eine Abfindung von 24 Monatsrenten der Witwenrente ausgezahlt, die er mit einem formlosen Schreiben beantragen kann.

Ansprüche prüfen

Waren beide schon im Rentenalter, ist die Sache einfach: Der Hinterbliebene bekommt dann einen festen Prozentsatz der Rente des Verstorbenen und muss sich nach dem Antrag meist um nichts weiter kümmern, solange sich an seinen finanziellen Verhältnissen nichts ändert.

Vor allem Jüngere sollten beachten, dass Einkommen auf die Hinterbliebenenrente angerechnet werden. Es kann also sein, dass sie wegen eines zu hohen Gehalts zunächst keine Hinterbliebenenrente bekommen. Wenn sie aber später selbst in Rente gehen, sinken meistens ihre Einkünfte und es kann wieder Witwenrente fließen.

Auch durch die Geburt eines Kindes oder das Erreichen der Altersgrenze kann sich der Anspruch verändern.

UNSER RAT

Informationen einholen

Antrag. Die Hinterbliebenenrente fließt nur auf Antrag. Dafür brauchen Sie eine Sterbeurkunde und die Heiratsurkunde. Die Deutsche Rentenversicherung berät neutral zu allen Fragen. Das Servicetelefon ist kostenlos:
0 800/10 00 48 00. Dort können Sie auch einen Termin vereinbaren.

Vorschuss. Hat der Verstorbene bereits eine Rente bezogen, kann die Rentenkasse nach dem Tod drei volle Monatsrenten als Vorschuss auszahlen. Das können Sie innerhalb von 30 Tagen nach dem Tod beim Rentenservice der Deutschen Post in jeder Postfiliale beantragen.

Geschiedene. Auch geschiedene Ehepartner haben unter Umständen Ansprüche auf Leistungen. Wurde eine zweite Ehe wieder aufgelöst, besteht die Möglichkeit, eine „Witwenrente nach dem vorletzten Ehegatten" zu beziehen. Diese wird nur gezahlt, wenn sie höher ist als die Ansprüche aus der letzten Ehe. Lassen Sie sich bei der Rentenversicherung über Ansprüche beraten.

Hilfe in der ersten Zeit

In den Monaten direkt nach dem Tod des Partners gibt es eine besondere Unterstützung. Im „Sterbevierteljahr", den ersten drei Monaten nach dem Tod, erhält der Hinterbliebene die monatlichen Rentenansprüche des Verstorbenen in voller Höhe ausgezahlt, ohne dass sein Einkommen angerechnet wird. Was danach gezahlt wird, lässt sich der Grafik rechts entnehmen. Hat der Verstorbene selbst noch keine Rente erhalten, bezieht sich die Zahlung auf die Rentenhöhe, auf die er theoretisch Anspruch gehabt hätte. Für jeden Monat, den der Ehepartner vor dem Alter von 64 Jahren verstirbt (gilt 2018), zieht die Rentenkasse einen Abschlag von 0,3 Prozent der Witwenrente ab – maximal jedoch 10,8 Prozent. Die Altersgrenze steigt bis 2024 schrittweise auf 65 Jahre.

Eigenes Einkommen

Beim Antrag muss ein Hinterbliebener Angaben zum eigenen Einkommen machen, denn das wird angerechnet. Auch hier gibt es einen Unterschied zwischen altem und neuen Recht: Immer angerechnet werden Erwerbseinkommen und Erwerbsersatzeinkommen wie die eigene gesetzliche Rente oder Arbeitslosengeld. Bei der Hinterbliebenenrente nach neuem Recht werden viele weitere Einkommensarten angerechnet. Hierzu zählen Vermögenseinkommen, eigene Betriebsrenten, Renten aus privaten Rentenversicherungen sowie aus allgemeinen Unfallversicherungen, nicht jedoch Erträge aus der Riester-Rente oder Bezüge aus einer Betriebsrente des Verstorbenen.

Doch fällt die Witwenrente durch die Anrechnung nicht eins zu eins geringer aus. Die Berechnungsweise und Freibeträge mindern die Einbußen deutlich. Die gesetzliche Rentenversicherung ermittelt aus dem Bruttoeinkommen ein rechnerisches „Nettoeinkommen", indem sie von den verschiedenen Einkommensarten jeweils einen pauschalen Wert abzieht, etwa 14 Prozent von der gesetzlichen Rente. Das ermittelte Nettoeinkommen wird nur zu 40 Prozent auf die Witwenrente angerechnet – und das erst, nachdem ein monatlicher Freibetrag abgezogen wurde. In den alten Bundesländern beträgt er aktuell 819,19 Euro, in den neuen 783,82 Euro. Pro Kind mit Anspruch auf eine Waisenrente steigt der Freibetrag im Westen um 173,77 Euro, im Osten um 166,26 Euro.

Damit kann ein Hinterbliebener in den alten Bundesländern eigenes Einkommen bis 953 Euro beziehen und trotzdem eine ungekürzte Witwenrente bekommen.

Welche Witwenrente würden Sie erhalten?

Es hängt unter anderem vom Alter sowie dem Heirats- und Todesjahr ab, ob altes oder neues Recht gilt und wie hoch die Leistungen ausfallen.

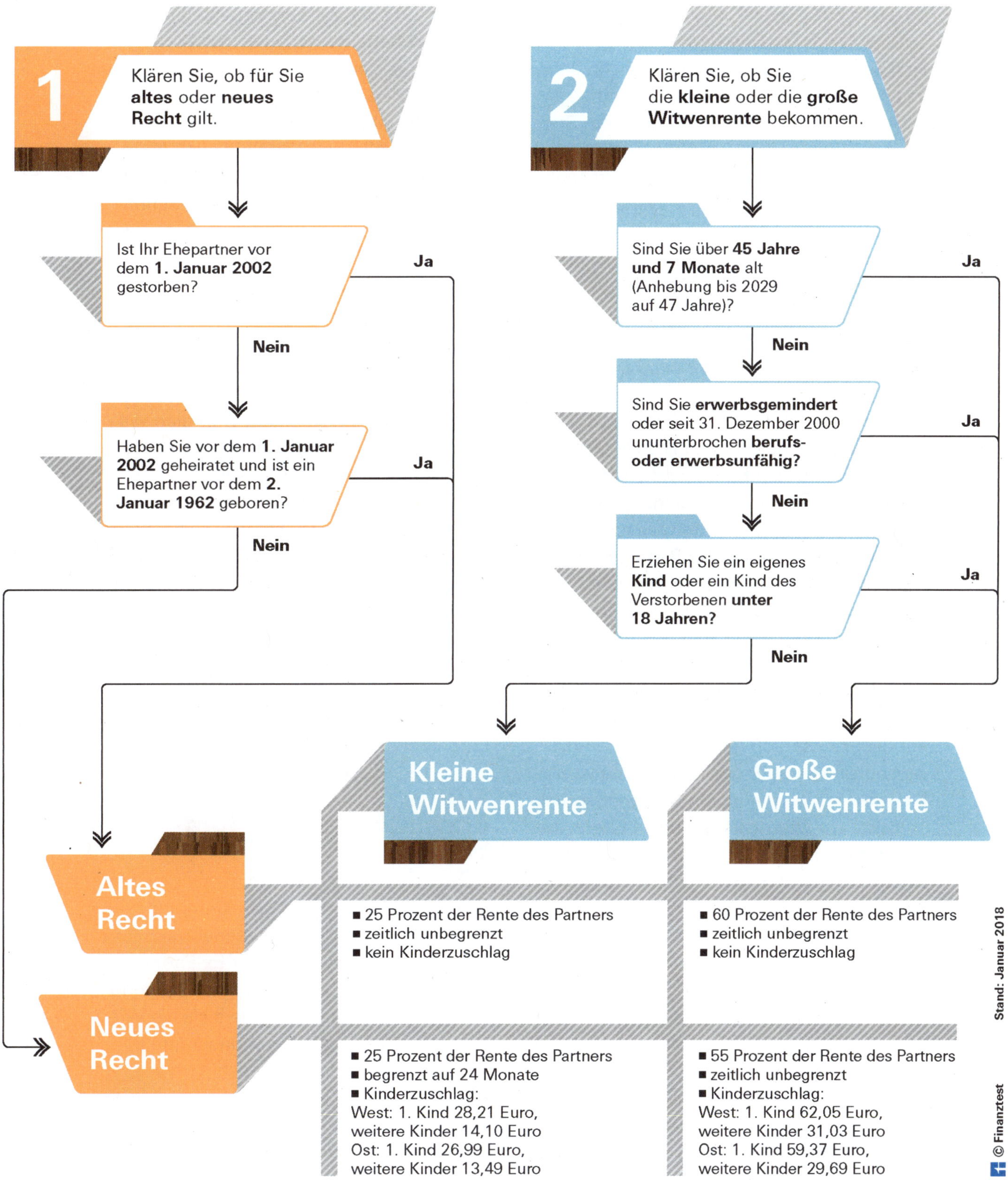

In jungen Jahren

Sind Witwe oder Witwer jünger als 45 Jahre und sieben Monate und erziehen keine minderjährigen Kinder, wird nach dem Sterbevierteljahr vorerst nur die kleine Witwenrente gezahlt. Diese beträgt nur 25 Prozent der Rente des Verstorbenen. Wendet die Rentenversicherung neues Recht an, fließt sie 24 Monate lang. Gilt für das Ehepaar das alte Recht, fließt sie zeitlich unbegrenzt.

Halb- und Vollwaisenrente

Nicht nur der Partner erhält nach dem Tod von Ehemann oder Ehefrau Hilfe von der Rentenkasse. Auch Kinder und Jugendliche haben Anspruch auf Versicherungsleistungen ihres verstorbenen Elternteils.

Dabei unterscheidet die Rentenversicherung zwischen einer Halbwaisenrente, wenn nur ein Elternteil verstorben ist, und einer Vollwaisenrente, wenn kein unterhaltspflichtiger Elternteil mehr lebt. Eine Halbwaisenrente beträgt 10 Prozent der Rente, die der verstorbene Elternteil bekommen hat, oder auf die er Anspruch gehabt hätte. Bei Vollwaisen sind es 20 Prozent der Rente vom Elternteil mit dem höheren Rentenanspruch.

Stirbt ein Elternteil oder beide Eltern vor Vollendung des 64. Lebensjahres, wird die Waisenrente um einen Abschlag gemindert. Der Abschlag beträgt 0,3 Prozent pro Monat vor dem 64. Geburtstag (gilt 2018), allerdings maximal 10,8 Prozent. Die Altersgrenze steigt bis 2024 schrittweise auf 65 Jahre.

Anspruch auf Leistungen haben nicht nur leibliche Kinder des Verstorbenen, sondern auch adoptierte Kinder, Stiefkinder oder Pflegekinder, sofern sie im Haushalt des Verstorbenen lebten. Auch Enkel und Geschwister des Verstorbenen können Zahlungen erhalten, sofern sie im gleichen Haushalt lebten oder der Verstorbene ihr Leben finanziert hatte.

Üblicherweise wird die Waisenrente nur bis zum 18. Geburtstag des Kindes gezahlt. Allerdings gibt es viele Gründe, warum die Rentenversicherung das Geld auch bis zum 27. Geburtstag überweisen kann. Die Rente fließt weiter, wenn es noch in der Schul- oder Berufsausbildung ist, Freiwilligendienst leistet oder behindert ist und nicht für sich selbst sorgen kann. Ein Studium ist in diesem Kontext auch eine Berufsausbildung.

Auch in der Übergangszeit zwischen zwei dieser Stationen, also zum Beispiel zwischen Ende des Schulausbildung und Anfang der Berufsausbildung, wird eine Waisenrente weitergezahlt, sofern die Pause nicht länger als vier Monate ist.

Keine Probleme haben Waisen mit der Anrechnung von Einkommen. Selbst wenn sie in der Ausbildung Geld verdienen oder neben dem Studium jobben, wird ihre Rente seit 2015 nicht mehr gemindert. Es kann aber sein, dass die Waisenrente Leistungen aus anderen Quellen, zum Beispiel Bafög, reduziert. Das ist allerdings erst dann der Fall, wenn die Rente den Betrag von 130 Euro übersteigt.

Erziehungsrente kaum bekannt

Selbst Geschiedene können Unterstützung für die Erziehung ihrer minderjährigen Kinder bekommen, wenn ihr Ex-Partner verstirbt. Diese eher unbekannte Leistung heißt Erziehungsrente. Anders als die Witwenrente basiert die Erziehungsrente auf dem eigenen Rentenanspruch. Um eine Erziehungsrente zu erhalten, muss der geschiedene Ehepartner deshalb selbst eine Mindestversicherungszeit in der Rentenversicherung von fünf Jahren erfüllen.

Eine weitere Bedingung ist, dass der Mann oder die Frau nach der Scheidung unverheiratet geblieben ist. Die Erziehungsrente fließt dann, wenn ein Kind des früheren Partners oder ein eigenes Kind erzogen wird. Wenn es ein eigenes Kind ist, muss es nicht zwingend von dem verstorbenen Ex-Partner sein.

Tipp: Bei der Erziehungsrente lohnt es sich, den Antrag schnell zu stellen. Wenn Sie die Rente innerhalb der ersten drei Monate beantragen, nachdem alle Voraussetzungen erfüllt sind, wird sie bis zu drei Monate rückwirkend gezahlt. Nach diesen drei Monaten gibt es keine rückwirkende Zahlung mehr und die Erziehungsrente fließt erst ab dem Antragsmonat.

Höhe der Erziehungsrente

Die Erziehungsrente ist so hoch wie eine volle Erwerbsminderungsrente. Vor dem 64. Geburtstag (steigt bis 2024 auf 65) wird sie jedoch nicht in voller Höhe ausgezahlt, sondern, wie bei den vorher genannten Leistungen, um einen Abschlag von 0,3 Prozent pro Monat gekürzt. Eigenes Einkommen wird auf die Erziehungsrente angerechnet.

Die Erziehungsrente wird nicht mehr gezahlt, wenn das Kind 18 Jahre alt wird (Ausnahmen gibt es bei behinderten Kindern) oder wenn der Empfänger einer Erziehungsrente erneut heiratet. Sobald man eine Regelaltersrente bezieht, endet die Auszahlung der Erziehungsrente.

Beamtenversorgung

Wenn Beamte sterben, sind ihre Familien gut abgesichert. Die hinterbliebenen Ehegatten bekommen Witwen- oder Witwergeld, die Kinder Waisengeld.

Die Fürsorgepflicht des Staates für seine Beamten gilt auch für ihre Familien. „Der Dienstherr hat ... für das Wohl der Beamtinnen und Beamten und ihrer Familien, auch für die Zeit nach Beendigung des Beamtenverhältnisses, zu sorgen", heißt es im Bundesbeamtengesetz. Für die Länder gelten gleiche Vorschriften. Stirbt der Beamte, haben seine Hinterbliebenen Anspruch auf Versorgung. Dies gilt sowohl für den Ehe- oder eingetragenen Lebenspartner als auch für die Kinder. Anders als Angehörige von Angestellten im öffentlichen Dienst oder in der Privatwirtschaft bekommen Hinterbliebene von Beamten aber keine Hinterbliebenenrente, sondern Witwen- beziehungsweise Witwergeld. (Der Einfachheit halber nennen wir es im Folgenden Witwengeld und meinen damit immer beides.) Die Kinder bekommen Waisengeld.

Wie hoch das Witwengeld ausfällt, ist abhängig vom Datum der Eheschließung und vom Geburtsdatum der Ehepartner.

→ Wurde die **Ehe vor dem Jahr 2002** geschlossen und ist wenigstens einer der beiden Ehepartner vor dem 2. Januar 1962 geboren, bekommt der Hinterbliebene 60 Prozent der Pension des Verstorbenen. Ist eine der Bedingungen nicht erfüllt, sind es 55 Prozent. Stirbt der Beamte vor dem regulären Ruhestand, sind es 60 Prozent jener Pensionsansprüche, die bestanden hätten, wenn er am Todestag wegen Dienstunfähigkeit vorzeitig pensioniert worden wäre.

→ Haben die Partner die **Ehe nach dem Jahr 2001** geschlossen und wurde einer der beiden am 2. Januar 1962 oder später geboren, sind es 55 Prozent der Pension. Hat die Witwe Kinder erzogen, erhöht sich das Witwengeld für drei Jahre Erziehungszeit um 64 Euro. Kommen weitere Erziehungszeiten hinzu, steigt das Witwengeld um 0,90 Euro je weiterem Monat Kindererziehung.

Bestand zwischen den Ehegatten ein großer Altersunterschied, kann das Witwengeld um 5 bis 50 Prozent gekürzt werden. Wie viel der oder die Hinterbliebene einbüßt, hängt vom Alter und von der Dauer der Ehe ab. Bei einer 25 Jahre jüngeren Witwe und einer Ehe, die sechs Jahre bestanden hat, wird das Witwengeld beispielsweise um 20 Prozent gekürzt.

Im Extremfall einer mindestens 30 Jahre jüngeren Witwe und einer Ehe von weniger als fünf Jahren sind es 50 Prozent weniger. Allerdings bleibt auch dieser erheblich jüngeren Witwe nach einer kurzen Ehe das Mindestwitwengeld. Für die Witwe eines verstorbenen Bundesbeamten sind dies derzeit rund 1 000 Euro. Für Witwen von verstorbenen Landes- oder Kommunalbeamten weicht das Mindestwitwengeld geringfügig ab, beispielsweise in Sachsen sind es 1 077 Euro.

Ein Anspruch auf Witwen- oder Witwergeld ist ausgeschlossen, wenn die Ehe erst nach Eintritt in den Ruhestand geschlossen wurde und der Beamte zu diesem Zeitpunkt bereits mindestens 65 Jahre alt war. In diesen Fällen kann jedoch ein Unterhaltsbeitrag in Höhe des Witwengeldes gewährt werden, auf den allerdings Erwerbseinkommen der Hinterbliebenen anzurechnen sind.

Insgesamt sind die Hinterbliebenen von Beamten erheblich besser abgesichert als die von Angestellten. Das Witwengeld beträgt im Durchschnitt 1 760 Euro monatlich; für Witwer sind es 1 460 Euro, so der jüngste Alterssicherungsbericht der Bundesregierung. Dagegen beträgt eine gesetzliche Witwenrente in den alten Bundesländern im Durchschnitt lediglich 606 Euro im Monat. In den neuen Ländern sind es 664 Euro. Andere Einkünfte im Alter können jeweils hinzukommen.

Was angerechnet wird

Bei der Anrechnung eigener Alterseinkünfte gelten in der Beamtenversorgung Besonderheiten. Haben Witwe oder Witwer eines verstorbenen Beamten eigene Ansprüche in der gesetzlichen Rentenversicherung erworben, beispielsweise als Angestellter oder Selbstständiger, wird die eigene Rente nicht auf das Witwengeld angerechnet und umgekehrt. Beides fließt ungekürzt.

Dies gilt jedoch nicht, wenn der Hinterbliebene selbst auch Beamter ist. Dann gelten komplizierte Anrechnungsvorschriften, die die Versorgung des Hinterbliebenen schmälern. Dies gilt sowohl, wenn der Hinterbliebene selbst noch aktiv im Dienst ist und Gehalt bezieht, als auch, wenn er im Ruhestand ist und eine eigene Pension hat. Beispielsweise darf die Summe aus eigener Pension und 20 Prozent des Witwengeldes nicht unterschritten werden.

Abfindung bei Wiederheirat

Heiratet eine Witwe erneut, verliert sie ihren Anspruch auf Witwengeld. Allerdings bekommt sie eine Abfindung in Höhe des 24-fachen Witwengeldes. Diese Summe wird ihr dann auf einen Schlag ausgezahlt. Hat die Ehe bis zum Tod des Beamten weniger als ein Jahr gedauert, entfällt der Anspruch seiner Witwe auf Witwengeld ganz. Ausnahmen: ein plötzlicher Unfalltod des Beamten oder wenn seine Witwe ihn gepflegt hat, sein Tod innerhalb eines Jahres aber nicht absehbar war.

Sterbemonat und Sterbegeld

Für den Monat, in dem der aktive Beamte oder Pensionär verstorben ist, bekommen seine Erben noch sein Gehalt oder seine Pension. Darüber hinaus bekommen sie einmalig die doppelten Bezüge als Sterbegeld. Stirbt die Witwe oder der Witwer, haben die Waisen einen Anspruch auf Sterbegeld in Höhe des zweifachen Witwen- beziehungsweise Witwergeldes. Auch in der gesetzlichen Rentenversicherung gibt es eine solche Regelung – das „Sterbevierteljahr“: Die Rente des Verstorbenen wird dem hinterbliebenen Ehegatten drei weitere Monate ausbezahlt.

Waisengeld höchstens bis 27 Jahre

Für die Kinder des Verstorbenen gibt es ein Waisengeld in Höhe von 20 Prozent der Pension für Vollwaisen und 12 Prozent für Halbwaisen. Bemessungsgrundlage dafür ist die Pension, die der Verstorbene erhalten hat oder, bei aktiven Beamten, zum Zeitpunkt seines Todes erhalten hätte. Waisen erhalten diese Versorgung bis zu ihrem 18. Geburtstag. Für hinterbliebene Studierende und Auszubildende wird sie bis zum 27. Geburtstag gezahlt.

Bei Tod durch einen Dienstunfall beträgt das Waisengeld sowohl für Halbwaisen als auch für Vollwaisen 30 Prozent des Unfallruhegehalts, das der Beamte erhalten hätte. Hat der Beamte erst im Pensionsalter ein Kind adoptiert, bekommt es unter Umständen weniger Geld.

Pension und Rente

Kompliziert wird es in der Hinterbliebenenversorgung, wenn der verstorbene Ehegatte neben seiner Pension noch eine gesetzliche Rente bezogen hat und der oder die Hinterbliebene eine eigene Pension. Um Ihre Ansprüche genau zu prüfen, sollten Sie sich helfen lassen.

Pension. Fragen Sie bei der Versorgungsberatung der letzten Dienststelle des Beamten nach, um die genauen Ansprüche klären zu lassen.

Rente. Über die Anrechnung der gesetzlichen Rente informiert Sie kostenlos die Deutsche Rentenversicherung. Eine Beratung in Ihrer Nähe finden Sie im Internet unter deutsche-rentenversicherung.de (dort unter „Services“). Alternativ können Sie sich gegen eine Gebühr an einen unabhängigen Rentenberater wenden. Weitere Informationen und Adressen unter rentenberater.de.

Bankgeschäfte und Verträge

Mit dem Tod eines Menschen tritt der Erbe in dessen Rechte und Pflichten ein. Auch Verträge gehen auf den Erben über. Nur wenige enden automatisch mit dem Tod.

Rechnungen wollen bezahlt werden. Deshalb ist der Zugang zum Bankkonto des Verstorbenen wichtig. Das Mietverhältnis und Verträge mit Strom-, Gas- und Mobilfunkanbietern muss der Erbe kündigen.

Auch digitale Geschäftsbeziehungen spielen eine zunehmend wichtige Rolle. Das kann Erben vor einige Probleme stellen, denn auch um sie müssen sie sich kümmern. Oft haben sie gar keinen Zugang zu den Accounts des Verstorbenen und müssen erst einen Weg finden, um an die Daten kommen.

Zugang zu Konten bekommen

Egal, wer für Bankangelegenheiten bevollmächtigt ist – nach dem Tod kann der Erbe die Vollmacht widerrufen.

Wie bekomme ich als Angehöriger Zugang zu Konten? Wer über eine Bank- oder eine Vorsorgevollmacht bevollmächtigt ist, kann diese vorlegen. Sie gilt meist über den Tod hinaus. Mit dem Tod eines Bankkunden werden in der Regel aber auch Erben verfügungsbefugt. Alle Rechte des Verstorbenen gehen auf sie über, auch die Verfügungsbefugnis über alles im Nachlass. Ausnahme: Der Verstorbene hat einen Testamentsvollstrecker benannt. Dann ist nur dieser berechtigt, den Nachlass zu regeln.

Sofern kein Testamentsvollstrecker eingeschaltet ist, kann ein alleiniger Erbe vom Tod des Erblassers an alles regeln. Er kann die Vorsorgevollmacht, die jemand anderen als ihn bevollmächtigt, ganz oder teilweise widerrufen und alle Geschäfte an sich ziehen, auch alle Bankangelegenheiten. Bis der Erbe die Vollmachten widerruft, gelten sie aber weiter. Ausnahme: Der Verstorbene hatte eine Vollmacht ausdrücklich nur für seine Lebzeiten erteilt. Dann wird sie mit seinem Tod unwirksam.

Vorsorge- und Bankvollmacht

Zwar akzeptieren Banken und Sparkassen Konto- und Depotvollmachten grundsätzlich. Doch Bankangestellte haben vor nichts mehr Angst, als unberechtigt Geld auszuzahlen oder zu überweisen. Verständlich, schließlich haben sie für etwaige Schäden geradezustehen. Deshalb verlangen sie häufiger Vollmachtsformulare ihres eigenen Institutes und erkennen fremde Vollmachten im Zweifel lieber nicht an.

Auch Direktbanken haben besondere Vollmachtsformulare. Hatte der Verstorbene ein solches Formular ausgefüllt und vom Bevollmächtigten mit unterschrieben an die Bank geschickt, hat der Bevollmächtigte Zugang zu den Konten. Oft wird die Bank eine Kopie seines Personalausweises verlangen oder ihn über Postident oder ein ähnliches Verfahren identifizieren wollen.

Rein rechtlich gilt eine rein private Vorsorgevollmacht auch gegenüber Banken und Sparkassen. Die Geldhäuser müssen es also eigentlich akzeptieren, wenn ein inzwischen verstorbener Kunde einen Vertreter für seine Bankangelegenheiten auf diese Weise bevollmächtigt hatte. Klauseln in den Geschäftsbedingungen, wonach eine Bevollmächtigung nur wirksam ist, wenn sie auf besonderen Formularen erteilt worden ist, sind unwirksam. Die Geldinstitute dürfen auch nicht darauf warten, dass das Familiengericht einen Betreuer bestellt. So hat es zuletzt etwa das Landgericht Detmold entschieden (Az. 10 S 110/14).

War ein Verstorbener zu Lebzeiten gemeinsam mit seinem Vorsorgebevollmächtigten bei seiner Hausbank oder Sparkasse, um ihn zu bevollmächtigen, dürfte es kaum Stress geben, wenn der Bevollmächtigte nach dessen Tod Geld abheben oder Überweisungen von dessen Konten vornehmen will. Geschah das nicht, sollten Bevollmächtigte in der Bank trotzdem auf ihr Recht pochen. Zunächst sollten sie mündlich versuchen, die formlose Vorsorgevollmacht durchzusetzen. Lehnt der Bankmitarbeiter ab, sollte der Bevollmächtigte das Institut schriftlich auffordern, die Vollmacht anzuerkennen, die anstehenden Aufträge auszuführen und ihm dafür eine Woche oder höchstens zwei Wochen Zeit geben.

Weigern sich Bank oder Sparkasse weiterhin, bleibt dem Bevollmächtigten nur, einen Rechtsanwalt zu beauftragen, der die Vertretungsmacht gegenüber dem Geldinstitut zur Geltung bringt. War die Verweigerung rechtswidrig, haben Bank oder Sparkasse die Kosten dafür am Ende zu ersetzen.

Wie Erben ans Geld kommen

Oft sind Erben auch die Bevollmächtigten eines Verstorbenen. Erben mehrere Menschen gemeinsam, können sie nur gemeinschaftlich über das Erbe verfügen. Auch der Widerruf einer Vorsorgevollmacht ist dann nur wirksam, wenn ihn alle Erben gemeinschaftlich vornehmen. Schert ein einziger aus oder ist er nicht erreichbar, ist die Erbengemeinschaft zunächst handlungsunfähig. Das ist besonders dann schwierig, wenn niemand bevollmächtigt ist, aber trotzdem Geldangelegenheiten rasch geregelt werden müssen.

Erben, die nicht bevollmächtigt sind, können über die Konten des Erblassers erst verfügen, wenn sie nachweisen können, dass sie Erben sind. Der klassische Ausweis für den oder die Erben ist der Erbschein. Den stellt das Nachlassgericht aus. Das ist das Amtsgericht, in dessen Bezirk der Verstorbene seinen letzten gewöhnlichen Aufenthaltsort hatte. Es erteilt den Erbschein erst, wenn endgültig feststeht, wer erbt und wer nicht. Kann eine Erbschaft noch ausgeschlagen werden, gibt das Gericht einen Erbschein erst heraus, wenn der Erbe die Erbschaft angenommen hat. Ist ein Testamentsvollstrecker benannt, wird das im Erbschein vermerkt. Je nach Fall kann es Monate dauern, bis das Gericht einen Erbschein ausstellt.

UNSER RAT

Zugang verschaffen

Bankvollmacht. Hat der Verstorbene Sie mit einer Bankvollmacht bevollmächtigt, über seine Konten zu verfügen, können Sie handeln, es sei denn, Erben widerrufen die Vollmacht. Das Gleiche gilt für eine Bevollmächtigung per Vorsorgevollmacht. Die Anerkennung der Vollmacht müssen Sie bei Banken und Sparkassen zum Teil erstreiten.

Erbschein. Sind Sie Erbe, können Sie Vollmachten widerrufen. Um über Konten des Verstorbenen zu verfügen, müssen Sie beweisen, dass Sie Erbe sind – per Erbschein, öffentlichem Testament oder Erbvertrag.

Wann ein Testament reicht

Zum Nachweis des Erbrechts genügen allerdings auch beglaubigte Testamente oder Erbverträge. So hat es der Bundesgerichtshof (BGH) entschieden (Az. XI ZR 311/04). Auf der Vorlage des Erbscheins zu bestehen, ist in solchen Fällen nicht zulässig. Tut die Bank es dennoch, hat sie den Erben die Kosten für den Erbschein zu ersetzen. Nur bei Zweifeln daran, wer Erbe ist und wer nicht, sind Banken und Sparkassen berechtigt, einen Erbschein zu verlangen.

Anders ist es bei einem nicht beglaubigten Testament. Ein handschriftliches Testament reicht als Nachweis für die Verfügungsbefugnis eines Erben wohl nicht aus – es sei denn der Erbe legt dazu den Eröffnungsvermerk des Nachlassgerichts vor. Auch mit dem Protokoll über die Eröffnung des Testaments beim Nachlassgericht können der oder die Erben Banken oder Sparkassen gegenüber ihre Verfügungsbefugnis nachweisen – so urteilte der BGH (Az. XI ZR 440/15). Banken und Sparkassen müssen Testamente nicht auf ihre Wirksamkeit hin überprüfen.

Versicherungsverträge kündigen

Nicht jede Police endet automatisch mit dem Tod des Versicherten. Manche Versicherungen können die Erben fortführen.

Eines der ersten Dinge, an die Hinterbliebene nach dem Tod eines Angehörigen denken müssen, sind Versicherungen. Sie müssen Unternehmen über den Tod eines Versicherungsnehmers informieren. Viel Zeit lassen dürfen sie sich dafür nicht. Oft gelten enge Fristen, und bei manchen Versicherungen steht viel Geld auf dem Spiel.

Zunächst müssen sie sich einen Überblick über bestehende Versicherungsverträge verschaffen. Vielleicht hinterließ der Verstorbene einen Ordner, in dem sich alle Informationen zu den Policen befinden. Helfen können auch Kontoauszüge: Verträge, für die regelmäßig Beiträge abgebucht werden, lassen sich so aufspüren. Hatte der Verstorbene einen Versicherungsvermittler und ist dieser den Angehörigen bekannt, sollten sie sich auch bei ihm erkundigen.

Ob Hinterbliebene Versicherungspolicen des Verstorbenen aktiv kündigen müssen, hängt von der Art der jeweiligen Versicherung ab. Unterschieden wird zwischen personen- und sachgebundenen Versicherungen. Personenbezogene Versicherungen wie Lebens-, Unfall- und Krankenversicherungen enden in der Regel mit dem Tod. Eine Kündigung ist nicht nötig. Anders ist es bei sachgebundenen Versicherungen, etwa Wohngebäude-, Auto- und Hausratversicherung. Sie bleiben zunächst bestehen.

Beispiel: Übernimmt ein Erbe die Wohnung des Verstorbenen mit Einrichtung, ist der Hausrat weiterhin versichert. Ein außerordentliches Kündigungsrecht gibt es in diesem Fall nicht, es sei denn, der Erbe besitzt bereits selbst eine Hausratversicherung. Doppelt versichern muss er sich nicht.

Ersetzt der Erbe den Hausrat oder nutzt er die Wohnung nicht weiter, endet der Vertrag dagegen zwei Monate nach dem Tod des Versicherungsnehmers. In diesem Fall werden bereits bezahlte Beiträge erstattet. Dasselbe gilt für die Haftpflichtversicherung. Ist nur der Tote dort versichert, zahlt die Versicherung bereits bezahlte Beträge zurück. Sind weitere Personen mitversichert, können diese den Vertrag übernehmen.

In der Kfz-Versicherung ist ein bestimmtes Auto versichert. Der Tod des Kunden muss dem Versicherer gemeldet werden. Will ein Erbe den Wagen übernehmen, kann er die Police dazu behalten. Den Schadenfreiheitsrabatt des verstorbenen Halters kann er so weit übernehmen, wie er den Führerschein besaß, also etwa für vier Jahre, wenn er seither Auto fahren darf. Er muss das Fahrzeug auch selbst gefahren haben.

Versicherer brauchen Nachweise

Egal um welche Versicherung des Verstorbenen es geht: Versicherer benötigen hierzu Unterlagen und Belege. Beantragen Hinterbliebene eine Leistung wegen des Todes, müssen sie in der Regel den Versicherungsschein im Original einreichen, sollten aber für ihre Unterlagen eine Kopie machen.

Die Versicherungsunternehmen erwarten außerdem eine Kopie der Sterbeurkunde. Je nach Vertragswerk möchten Lebensversicherer darüber hinaus ein ärztliches oder amtliches Zeugnis über die Todesursache sowie die Geburtsurkunde haben.

Nicht zögern bei einer Lebensversicherung

Wie schnell Angehörige den Tod des Versicherungsnehmers melden müssen, steht in der Regel in den Versicherungsbedingungen. Ein knapper Zeitrahmen von nur wenigen Tagen gilt bei Lebensversicherungen. Angehörige haben hier nur 24 bis 72 Stunden Zeit, den Tod des Versicherungsnehmers zu melden, nachdem sie davon erfahren haben.

Ist der Verstorbene bei einem Unfall ums Leben gekommen, will der Unfallversicherer die Umstände des Unfalls klären und, wenn erforderlich, eine Obduktion durchführen lassen. Hinterbliebene sind verpflichtet, den Versicherer innerhalb von 48 Stunden über den Tod des Versicherten zu informieren.

Einige Versicherer geben keine genauen Fristen vor. Hinterbliebene sollten dennoch nicht zögern und sich so schnell wie möglich bei allen Versicherungsunternehmen melden. Mehr zur Kündigung von Lebensversicherungen und den Besonderheiten finden Sie im Abschnitt „Lebensversicherungen“, S. 60.

Versicherungen im Überblick

In der Tabelle können Sie nachsehen, was mit dem Vertrag passiert und was Sie als Erbe oder Mitversicherter tun sollten. Zu Lebensversicherungen siehe S. 60.

Versicherung	Was passiert mit dem Vertrag?	Was müssen Erben beachten?
Private Haftpflicht	• Versicherung für einzelne Person erlischt. • Bei Familienversicherung besteht Schutz für mitversicherte Personen bis zur Fälligkeit des nächsten Beitrags fort.	• Versicherungsschein bereithalten und Versicherer über den Tod informieren. • Bei Familienversicherung besteht kein außerordentliches Kündigungsrecht. Bezahlt ein mitversicherter Hinterbliebener den nächsten Beitrag, wird er Versicherungsnehmer.
Hausrat	• Versicherung erlischt zwei Monate nach dem Tod des Versicherungsnehmers. • Wohnt ein Erbe weiter in der Wohnung oder übernimmt er sie unverändert binnen zwei Monaten, tritt er in den Vertrag ein.	• Versicherungsschein bereithalten und Versicherer über den Tod informieren. • Bis zu zwei Monate nach dem Tod ist der Hausrat noch versichert. • Bei Beendigung des Vertrags wird der Jahresbeitrag anteilig zurückerstattet. • Geht der Vertrag auf einen Erben über, kann dieser nur im Ausnahmefall außerordentlich kündigen.
Kfz (Haftpflicht und Kasko)	• Versicherung läuft weiter, solange ein Erbe das versicherte Fahrzeug behält. • Versicherung darf Beiträge neu berechnen und anpassen, etwa im Hinblick auf die Schadenfreiheit des Erben.	• Versicherungsschein bereithalten und Versicherer über den Tod informieren. • Kein außerordentliches Kündigungsrecht. • Wenn der Erbe den Wagen verkauft oder ummeldet, kann er die Versicherung wechseln.

Versicherung	Was passiert mit dem Vertrag?	Was müssen Erben beachten?
Wohngebäude	• Versicherung besteht fort, bis der nächste Beitrag fällig ist.	• Versicherungsschein bereithalten und Versicherer über den Tod informieren. • Die Erben können in der Regel innerhalb von drei Monaten zum Ablauf des Versicherungsjahres kündigen.
Rechtsschutz	• Ist der Rechtsschutz an die Person des Verstorbenen gebunden (zum Beispiel Berufsrechtsschutz), endet der Vertrag in der Regel mit dem Tod des Versicherten. • Ist der Schutz übertragbar und an ein Objekt gebunden (etwa Verkehrsrechtsschutz für ein Fahrzeug), besteht er fort, bis der nächste Beitrag fällig ist.	• Versicherungsschein bereithalten und Versicherer über den Tod informieren. • Bei objektbezogener Versicherung: Zahlt der Erbe den nächsten fälligen Beitrag, tritt er an die Stelle des früheren Versicherungsnehmers in den Vertrag ein.
Unfall	• Versicherung endet mit Tod des Versicherungsnehmers, wenn nur er die versicherte Person ist. • Hatte der Versicherungsnehmer eine Kinderversicherung abgeschlossen, wird die Versicherung in der Regel bis zur Volljährigkeit der Kinder für diese beitragsfrei weitergeführt. Der gesetzliche Vertreter der Kinder wird neuer Versicherungsnehmer.	• Versicherungsschein bereithalten und Versicherer über den Tod informieren. • Starb der Versicherte durch einen Unfall und wurde eine Todesfallleistung vereinbart, muss der Erbe den Tod innerhalb von 48 Stunden dem Versicherer melden. Das Unternehmen muss die Möglichkeit bekommen, bei Bedarf eine Obduktion durchführen zu lassen.
Berufsunfähigkeit	• Endet mit dem Tod des Versicherungsnehmers.	• Versicherungsschein bereithalten und Versicherer über den Tod informieren.
Gesetzliche und private Krankenversicherung	• Endet mit dem Tod des Versicherungsnehmers.	• Versicherungsschein bereithalten und Versicherer über den Tod informieren. • Mitversicherte Personen sollten Weiterversicherung sicherstellen.

Den Mietvertrag kündigen oder weiterführen

Mitbewohner eines Verstorbenen treten oft automatisch in dessen Mietvertrag ein. Das birgt Chancen und Risiken.

Ein Mieter stirbt, aber das alte Mietverhältnis nicht. So sieht es das Recht vor. Hatte der verstorbene Mieter Mitbewohner, treten diese oft automatisch – also per Gesetz – in den Mietvertrag ein. Dafür müssen sie mit dem Vermieter keinen neuen Mietvertrag aushandeln. Will der Mitbewohner nicht Mieter der Wohnung werden, muss er den sogenannten Eintritt ablehnen. Wegen der recht kurzen Fristen ist schnelles Handeln erforderlich. Lehnt er rechtzeitig ab, führen die Erben den Mietvertrag fort. Auch das geschieht automatisch, also unabhängig vom Willen der Erben und des Vermieters.

Die Tatsache, über Nacht Mieter geworden zu sein, ist für den einen eine positive Wendung des Schicksals und für den anderen ein Ärgernis – ganz nach Interessenlage. Der Partner, der mit dem Verstorbenen in der Wohnung gelebt hat und bislang nicht im Mietvertrag stand, wird den Automatismus des Gesetzes als Last empfinden, wenn er die Wohnung allein nicht mehr bezahlen kann oder sie ihm zu groß ist. Wer eine Wohnung in Toplage mit günstiger Miete erbt und gerade eine neue Bleibe sucht, nutzt den traurigen Anlass vielleicht, um den guten Mietvertrag zu übernehmen.

Hier finden Sie einen Überblick darüber, wer wann automatisch in den Mietvertrag eintritt, wer innerhalb welcher Fristen aktiv werden muss, wenn er die Wohnung nicht übernehmen möchte, und ob der Vermieter den neuen Vertragspartnern kündigen darf.

Mitbewohner, Erben und Mitmieter

Im Erbrecht gilt der Grundsatz, dass ein Erbe automatisch die Verträge eines Toten übernimmt. Das Mietrecht macht davon allerdings wichtige Ausnahmen: Bevor Erben die Wohnung bekommen können, steht sie bestimmten Mitbewohnern und Mitmietern des Verstorbenen zu. Die vier in der Grafik „Wer bekommt die Wohnung?“ auf S. 83 genannten Mitbewohner-Gruppen haben gegenüber den Erben also ein Vorrecht auf die Wohnung.

Im Einzelfall kann die Frage, wer die Wohnung als Mieter weiterführen darf, kompliziert sein, etwa wenn bei mehreren bevorrechtigten Mitbewohnern einer den alten Mietvertrag mit unterschrieben hatte.

Verstorbener wohnte allein

Wenn der Verstorbene die Wohnung zuletzt allein bewohnte und allein im Mietvertrag stand, geht die Wohnung mit seinem Tod an den oder die im Testament bestimmten Erben. Gibt es kein Testament, werden die gesetzlichen Erben Mieter („Erbschaft“, S. 37). Für die Übernahme der Wohnung durch die Erben bedarf es keines neuen Mietvertrages. Der alte Vertrag gilt zunächst weiter. Allerdings kann ein Vermieter jemanden, der einen Mietvertrag geerbt hat, recht einfach loswerden. Denn er hat Erben gegenüber ein außerordentliches Kündigungsrecht. Einen besonderen Kündigungsgrund, wie etwa Eigenbedarf, braucht er nicht.

UNSER RAT

Optionen abwägen

Vermieter. Sind Sie Mitbewohner oder Erbe des Verstorbenen? Dann informieren Sie den Vermieter über den Tod des Mieters, am besten per Einschreiben mit Rückschein.

Eintritt. Gehören Sie zu den Mitbewohnern, die automatisch in den alten Mietvertrag des Mieters eintreten (Grafik „Wer bekommt die Wohnung")? Dann haben Sie einen Monat Zeit, den Eintritt beim Vermieter abzulehnen. Bedenken Sie, dass Sie für alte Mietschulden des Verstorbenen haften, wenn sie eintreten. Lassen Sie sich vom Vermieter keinen neuen Mietvertrag aufschwatzen. Wenn Sie zum Eintritt berechtigt sind, stehen ihnen die bisherigen Vertragskonditionen zu.

Erben. Wenn es keine Mitmieter gibt, die den alten Mietvertrag allein fortführen, und auch keine Mitbewohner, die die Wohnung übernehmen wollen, geht sie automatisch an die Erben. Wollen sie die Wohnung kündigen, haben sie dafür einen Monat Zeit. Wichtig: Die Kündigung sollte von allen Erben unterschrieben sein.

Der Vermieter hat für die Kündigungserklärungen einen Monat Zeit. Hat der Mieter allein in seiner Wohnung gelebt, beginnt die einmonatige Erklärungsfrist zu laufen, sobald der Vermieter vom Tod seines Mieters erfährt. Gibt es Mitbewohner, die zwar ein Vorrecht auf die Wohnung haben, es aber ablehnen, läuft die Frist, sobald der Vermieter deren Ablehnung bekommt. Kündigt der Vermieter innerhalb der einmonatigen Erklärungsfrist, endet das Mietverhältnis mit der gesetzlichen Dreimonatsfrist.
Beispiel: Der Vermieter erfährt am 5. Juli 2018 davon, dass sein Mieter, der allein im Mietvertrag stand und in der Wohnung allein gelebt hat, am 1. Juli gestorben ist. Die Nachricht über den Tod hat er vom Alleinerben, dem Sohn des Mieters, erhalten. Am 25. Juli schickt der Vermieter dem Sohn die Kündigung. Das Mietverhältnis endet am 31. Oktober 2018.

Schafft es der Vermieter nicht, innerhalb der Einmonatsfrist außerordentlich zu kündigen, wird der Erbe ganz normaler Mieter. Folge: Er genießt ab dann den vollen Kündigungsschutz. Möchte der Vermieter kündigen, benötigt er einen Kündigungsgrund wie etwa Eigenbedarf.

Außerordentlich kündigen

Auch Erben, die die Wohnung eines verstorbenen Angehörigen nicht übernehmen wollen, haben ein außerordentliches Kündigungsrecht. Sie haben dafür einen Monat Zeit. Gibt es mehrere Erben, sollte die Kündigung von allen unterschrieben sein. Für den Fristbeginn gelten die gleichen Regeln wie bei der Kündigung durch den Vermieter.

Einen befristeten Mietvertrag kann der Erbe außerordentlich mit der gesetzlichen Kündigungsfrist beenden.

Haben den Mietvertrag neben dem Verstorbenen weitere Personen unterzeichnet und gehören diese zum Kreis der Mitbewohner, die in der Grafik „Wer bekommt die Wohnung?" unter den Ziffern 1 bis 4 genannt sind, wird das Mietverhältnis in der Regel allein mit ihnen fortgesetzt. Diese Mitmieter verdrängen nicht nur die Erben, sondern auch sonstige Mitbewohner des Verstorbenen.

Gegenüber den Mitmietern, die die Wohnung eines Verstorbenen weiterführen, hat der Vermieter kein außerordentliches Kündigungsrecht. Nur der Mitmieter darf außerordentlich kündigen (siehe Grafik).

Eine Konstellation ist in der Grafik nicht dargestellt, weil sie nur selten vorkommt – nämlich der Fall, dass Familienmitglieder des Mieters zum Zeitpunkt seines Todes in

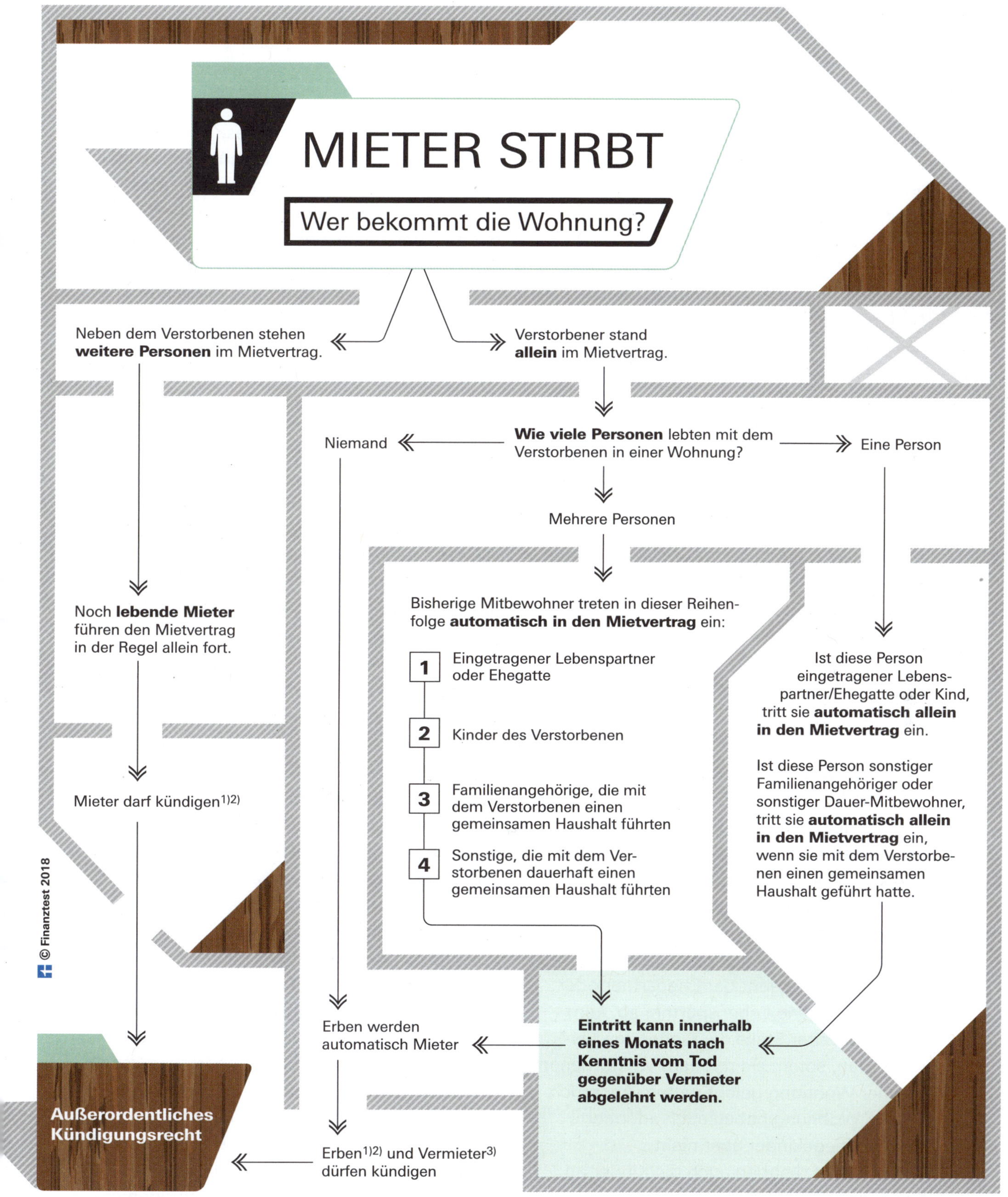

1) Kündigung muss gegenüber dem Vermieter innerhalb eines Monats nach Kenntnis vom Tod erklärt werden. Das Mietverhältnis endet dann mit der gesetzlichen Dreimonatsfrist.

2) Außerordentliches Kündigungsrecht des Mieters nur relevant bei Mietverträgen mit bis zu vier Jahren Kündigungsausschluss und bei Zeitmietverträgen.

3) Kündigung gegenüber den Erben muss innerhalb eines Monats nach Kenntnis vom Tod erklärt werden. Hat ein Mitbewohner die Wohnung abgelehnt, hat der Vermieter für die Kündigung des Erben ab Kenntnis von der Ablehnung einen Monat Zeit. Das Mietverhältnis endet dann mit der gesetzlichen Dreimonatsfrist.

der Wohnung leben, ohne Mieter zu sein, und gleichzeitig aber eine Person, etwa eine getrennt lebende Ehefrau, noch im Mietvertrag steht, obwohl sie schon lange nicht mehr in der Wohnung lebt.
Beispiel: Paul und Linda sind verheiratet und stehen beide im Mietvertrag. Auch Wolfgang, ihr erwachsener Sohn, wohnt in der Wohnung. Später trennen sich Paul und Linda. Paul zahlt fortan allein die Miete. Obwohl Linda ausgezogen ist, bleibt sie im Mietvertrag. Dann stirbt Paul. Wer erhält die Wohnung? In der Regel bekommen die Mitmieter des Verstorbenen die Wohnung allein. Aber das gilt nicht in diesem Fall, weil die getrennt lebende Ehefrau gar nicht mehr in der Wohnung gelebt hatte. Folge: Linda übernimmt die Wohnung nicht allein. Sohn Wolfgang tritt neben ihr in den Vertrag ein.

Wann Mitbewohner zum Zug kommen

Stand ein Verstorbener allein als Mieter im Mietvertrag und hatte er Mitbewohner, übernehmen folgende Personen die Wohnung:
Erste Stelle. Ehegatten und eingetragene Lebenspartner treten automatisch in den Vertrag ein, vorausgesetzt, sie hatten mit dem Verstorbenen einen gemeinsamen Haushalt geführt.
Zweite Stelle. Lehnt der Ehepartner oder der eingetragene Lebenspartner ab, kommen an zweiter Stelle die Kinder des Verstorbenen, sofern sie mit dem Verstorbenen in einer Wohnung gelebt hatten. Anspruch auf die Wohnung haben auch adoptierte Kinder, Pflegekinder aber nicht.
Dritte Stelle. Lehnen auch die Kinder ab, treten sonstige in der Wohnung lebende Familienangehörige in den Vertrag ein. Zu den Angehörigen gehört etwa auch der Schwager oder ein Pflegekind.
Vierte Stelle. Sagen auch diese Familienangehörigen beim Vermieter ab, treten sonstige Mitbewohner in den Mietvertrag ein. Vorausgesetzt, sie haben mit dem Verstorbenen einen auf Dauer angelegten gemeinsamen Haushalt geführt. Der nichteheliche Lebenspartner, der mit dem Verstorbenen lange Jahre in der Wohnung gelebt hat, gehört sicherlich zu diesem Personenkreis.

Lehnen alle bevorrechtigten Mitbewohner die Wohnung ab, geht sie an die Erben.
Tipp: Da die oben genannten Mitbewohner automatisch in den alten Mietvertrag eintreten, müssen alle diejenigen schnell handeln, die die Wohnung nicht haben wollen. Für die Ablehnung haben sie einen Monat Zeit. Die Frist beginnt, sobald die Person vom Tod des Mieters weiß. Aus Beweisgründen sollte die Ablehnung schriftlich per Einschreiben mit Rückschein an den Vermieter erfolgen.

Vorsicht bei Mietschulden

Bei der Entscheidung für oder gegen die Wohnung sollten die Mitbewohner berücksichtigen, dass sie nach einem Eintritt für Mietschulden haften, die der Verstorbene hinterlassen hat. Wer weiß, dass noch Mieten und Betriebskostennachzahlungen offen sind, lehnt den Eintritt vielleicht besser ab.

Außer den eintretenden Mitbewohnern haften auch die Erben für Mietschulden des Verstorbenen. Allerdings können sie ihre Haftung beschränken oder sogar ausschließen. Erben, die vom Schuldenberg des Verstorbenen wissen, können die Erbschaft zum Beispiel binnen sechs Wochen ausschlagen. Wer die Frist verpasst hat, kann etwa eine „Nachlassverwaltung" beantragen. Dann haftet er für alte Mietschulden maximal mit dem geerbten Vermögen und nicht mit seinem Privatvermögen („Erbe ausschlagen", S. 48).

Gibt es Anzeichen dafür, dass der Verstorbene stark verschuldet war, sollten Erben sich in jedem Fall von einem Fachanwalt für Erbrecht zur Haftungsbeschränkung beraten lassen.

Kann der Vermieter den Eintritt verhindern?

Dass ein bevorrechtigter Mitbewohner in den Mietvertrag des Verstorbenen eintritt, kann der Vermieter kaum verhindern. Ein einfaches Kündigungsrecht wie gegenüber dem Erben hat er gegenüber den Mitbewohnern nicht. Nur wenn es persönliche Gründe gibt, die den Mitbewohner als Mieter für den Vermieter unzumutbar machen, wäre der Vermieter berechtigt, außerordentlich zu kündigen. Solche Fälle sind selten.

Alten- und Pflegeheim

Vor allem alte Leute sterben oftmals im Alten- oder Pflegeheim. Für die Heimverträge gelten Sonderregeln. Stirbt ein Heimbewohner, geht der Heimvertrag nicht auf die Erben über. Der Heimvertrag endet mit dem Tod des Bewohners automatisch. Das bedeutet, dass die Hinterbliebenen den Heimvertrag nicht kündigen müssen.

Viele Heimverträge sehen aber bei Bewohnern, die keine Leistungen aus der Pflegeversicherung beziehen (sogenannte Privatzahler), vor, dass deren Heimvertrag erst zwei Wochen nach dem Todestag endet. Die Erben haben dann unter Umständen den Wohnkostenteil für diese zwei Wochen zu übernehmen. Aber auch die Haftung dafür können sie beschränken, indem sie zum Beispiel die Erbschaft ausschlagen.

Alltagsverträge kündigen

Der Erbe tritt auch in die Verträge des alltäglichen Lebens wie Internet- oder Leasingverträge ein. Sie können kostspielig sein.

In den meisten Fällen laufen Verträge nach dem Tod eines Vertragspartners weiter. Das Vermögen geht mit dem Tod einer Person als Ganzes auf die Erben über. Dazu gehören auch die Verträge des Alltags, also Energieverträge, Internet- und Handyvertrag und Abonnements. Nur „höchstpersönliche" Verträge enden automatisch, etwa der Arbeitsvertrag. Hierbei hat der Arbeitnehmer die Pflicht zur persönlichen Arbeitsleistung, welche der Erbe so nicht erbringen kann.

Der Erbe hat bei Alltagsverträgen die Wahl: Er kann den Vertrag übernehmen oder er kündigt ihn. Benötigt der Erbe den Vertrag nicht mehr, sollte er ihn am besten umgehend kündigen.

Ein Sonderkündigungsrecht haben Erben grundsätzlich nicht. Es gelten die im Vertrag festgelegten Kündigungsfristen. Bei einigen Verträgen kann es aber sein, dass der Anbieter im Kleingedruckten Sonderregelungen für den Todesfall aufzählt. Viele Unternehmen reagieren kulant und entlassen die Erben früher aus dem Vertrag. Die Firmen fordern dafür aber manchmal eine Entschädigung. Erhält der Hinterbliebene Kenntnis vom Todesfall, beginnen die Fristen zu laufen.

In der Regel benötigt der Erbe für die Kündigung von Alltagsverträgen keinen Erbschein. Es reicht meist aus, den Vertragspartner auf den Tod des Kunden hinzuweisen und eine Kopie der Sterbeurkunde beizufügen. Gleichzeitig sollte der Erbe erklären, dass er Erbe ist und die Rechtsnachfolge angetreten hat. Bei besonderen Nachlassgeschäften ist ein Erbschein nötig. Eine Bank etwa wird nur denjenigen als Erben akzeptieren, der sich durch einen Erbschein ausweisen kann („Zugang zu Konten", S. 76).

Tipp: Generell ist es ratsam, bei nicht mehr benötigten Verträgen „mit sofortiger Wirkung, hilfsweise zum nächstmöglichen Termin" zu kündigen. Ein Musterschreiben finden Sie im Formularteil.

UNSER RAT

Schritt für Schritt

Überblick. Verschaffen Sie sich einen Überblick über die laufenden Verträge des Verstorbenen. Die meisten Verträge gehen im Todesfall auf die Erben über.

Entscheidung. Wer nicht für überflüssige Verträge zahlen will, sollte solche Verträge möglichst schnell kündigen. Auch Einzugsermächtigungen sollten die Erben dabei widerrufen.

Sterbeurkunde. Für Kündigungen wird eine Sterbeurkunde benötigt. Diese wird meist durch den Bestatter beim Standesamt beantragt („Was als Erstes zu tun ist", S. 6).

Auch wenn Hinterbliebene einen laufenden Vertrag kurz nach dem Todesfall gekündigt haben, können bis zum Vertragsende noch Kosten anfallen. Der Vertrag endet schließlich nicht mit dem Todestag des Verstorbenen. Beim Handyvertrag kann so noch die letzte Mobilfunkrechnung anstehen; beim Strom- und Gasvertrag kommt die Schlussabrechnung erst mit dem Auszug.

Kündigt der Erbe einen Vertrag nicht fristgerecht, kann es sogar sein, dass er sich verlängert – rechtlich wäre das wirksam.

Handyverträge

Gesetzlich ist die Kündigung eines Handyvertrags zwar nur zum Ende der Laufzeit möglich. Die meisten Unternehmen sind beim Tod eines Kunden aber kulant. Die drei in Deutschland größten Telekommunikationsanbieter – Telekom, Vodafone und O2 – greifen die Möglichkeit der Kündigung nach einem Todesfall auf ihren Webseiten auf. Die Unternehmen brauchen dafür die Kundennummer oder die Rufnummer des Vertrags. Darüber hinaus verlangen sie einen Nachweis über den Todesfall. Das kann – je nach Anbieter – etwa eine Kopie der Sterbeurkunde oder des Erbscheins sein. Bei kleineren Anbietern ist ein Blick ins Kleingedruckte gefragt. Ansonsten empfiehlt es sich, „mit sofortiger Wirkung, hilfsweise zum nächstmöglichen Termin" zu kündigen. Wollen Erben einen Mobilfunkvertrag weiterführen, ist ein Inhaberwechsel erforderlich.

Energieverträge

Hat der Erbe die Wohnung des Verstorbenen gekündigt, endet mit dem Auszug auch die Laufzeit der Energieverträge mit Strom- und Gasversorgern sowie dem Wasserversorger. Mit Hinweis auf den Auszug muss der Erbe mit einer zweiwöchigen Frist kündigen. Bei der Schlussrechnung zählt dann der Zählerstand der Endabnahme bei Schlüsselübergabe an den Vermieter am Tag des Auszugs. Diesen sollte der Erbe, zusammen mit der Kundennummer des Verstorbenen, bei der Kündigung der Verträge angeben. Auch eine Sterbeurkunde muss vorgelegt werden. Der Erbe sollte auch um eine Endabrechnung bitten. Haben ein Erbe und der Verstorbene zusammengewohnt – etwa Ehepartner oder eingetragene Lebenspartner – und will der Erbe den Vertrag fortsetzen, kann er das zu den bisherigen Konditionen tun.

Leasingverträge

Für Leasingverträge – etwa fürs Auto – gilt beim Tod des Leasingnehmers grundsätzlich das Gleiche wie beim befristeten Mietvertrag: Sowohl der Erbe als auch der Leasinggeber haben ein außerordentliches Kündigungsrecht. Beide können den Vertrag innerhalb eines Monats, nachdem Sie vom Tod erfahren haben, außerordentlich kündigen. Das Kündigungsrecht kann allerdings auch vertraglich ausgeschlossen sein.

Im Falle der Kündigung muss der Erbe die geleaste Sache zurückgeben. Bei einer solchen vorzeitigen Kündigung kann der Leasinggeber eine Abschlusszahlung verlangen. Hierbei kommt es auf die Vertragsbedingungen an. Eine Alternative dazu bietet die Leasingübernahme, bei der sich der Hinterbliebene einen neuen Leasingnehmer für den Vertrag sucht.

Unberechtigte Forderungen. **Erben können auch mit unberechtigten Forderungen konfrontiert werden. Wie man sie zurückweist, können Sie auf unserer Homepage unter test.de/inkasso nachlesen.**

CHECKLISTE

Kündigung im Überblick

1. **Versorgung der Wohnung.** Bei der Wohnungskündigung müssen Sie auch die Lieferung von Strom, Wasser und Gas kündigen. Geben Sie den jeweiligen Unternehmen den Zählerstand bei der Schlüsselübergabe an.

2. **Telefon und Internet.** Gesetzlich ist die Kündigung zwar nur zum Ende der Vertragslaufzeit möglich – die meisten Unternehmen sind aber kulant und ermöglichen Erben die Kündigung des Vertrags nach einem Todesfall.

3. **Abonnements.** Darunter fallen unter anderem Zeitschriften- und Zeitungsverträge, Pay-TV und die Monatskarte im öffentlichen Nahverkehr.

4. **Leasing.** Der Erbe und der Vertragspartner haben ein außerordentliches Kündigungsrecht – soweit dieses nicht vertraglich ausgeschlossen ist.

5. **Spendendienste.** Hat der Verstorbene einen Dauerauftrag bei einer Spendenorganisation eingerichtet, kann dieser in der Regel jederzeit, ohne eine Frist, gekündigt werden.

Zugang zu digitalen Daten und Verträgen

Zum Erbe gehören auch Daten und Verträge, die elektronisch hinterlegt sind. Schwierigkeiten bereitet oft der Zugang dazu.

Nur wenige Menschen denken daran, ihren digitalen Nachlass aufzubereiten – beispielsweise Accountlisten mit Passwörtern zu hinterlassen oder einen Passwort-Manager anzulegen und den Erben den Zugang zu gewähren. Laut einer repräsentativen Umfrage des IT-Verbandes Bitkom haben bislang nur 9 Prozent der Internetnutzer in Deutschland ihren digitalen Nachlass vollständig geregelt. 80 Prozent haben sich noch überhaupt nicht um ihr digitales Erbe gekümmert. Dabei ist vielen Internetnutzern die Dringlichkeit und Bedeutung der Nachlassregelung bewusst – sie haben nur noch nichts unternommen.

INFO

Nachlassdienste

Bekommen Sie keinen Zugang zu E-Mail- und anderen Accounts, weil Sie nicht wissen, bei welchem Anbieter der Verstorbene aktiv war, können Nachlassdienste eine Lösung sein. Sie können für Sie die Onlinekonten des Verstorbenen ausfindig machen. Die Dienste fragen mit den Stammdaten des Verstorbenen bei führenden Online-Anbietern an, ob dieser dort registriert war. Die Nachlassdienste kooperieren mit den Bestattungsunternehmen. Die Hinterbliebenen können sie über die Bestatter kontaktieren. Eine solche Recherche kann aber durchaus kostspielig werden. Sie sollten daher überlegen, ob Sie die Onlineanbieter nicht genauso gut selbst kontaktieren können.

So stehen die Erben meist vor der großen Aufgabe, Zugangsdaten und Passwörter zu ermitteln. Auf dem Spiel stehen die Rechte an Bildern und Kommunikationsinhalten oder auch Vermögenswerte, die in digitalen Bezahlformen wie der Kryptowährung Bitcoin hinterlegt sind. Abos bei Musik- beziehungsweise Film-Streamingdiensten sollten gekündigt werden, damit keine weiteren Kosten entstehen.

E-Mail-Account als Schlüsselfunktion

E-Mails sind ein wichtiger Ausgangspunkt für die Recherche. Mithilfe des Accounts können in vielen Fällen Passwörter zu anderen Benutzerkonten zurückgesetzt und neu vergeben werden. Weiterhin helfen die E-Mails herauszufinden, welche Rechnungen des Verstorbenen noch offen sind. Am einfachsten ist es, wenn Sie die Zugangsdaten zum E-Mail-Konto haben und sich einloggen können. Aber auch ohne Zugangsdaten muss Ihnen der Anbieter nach einem wegweisenden höchstrichterlichen Urteil Zugang zum E-Mail-Konto des Verstorbenen gewähren, wenn Sie sich als Erbe ausweisen können.

Neue rechtliche Lage

Vor dem Urteil des Bundesgerichthofs konnte es für Hinterbliebene schwierig werden, an Mail-Accounts und an Daten in sozialen Netzwerken heranzukommen. Denn nicht alle Anbieter gewährten Zugang zu den Accounts. Während beispielsweise GMX und Web.de Erben, die sich mit einem Erbschein ausweisen konnten, den Zugriff zum Mail-Account erlaubten, zeigte sich Yahoo hartleibig und verweigerte ihn. Jetzt aber können Erben den Zugang im Zweifel einklagen.

Erstritten hat dieses Urteil eine Mutter, die über mehrere Instanzen gegen Facebook geklagt hat. Ihre Tochter war im Berliner U-Bahnhof Schönleinstraße tödlich verletzt worden, sie wurde von einem einfahrenden Zug überrollt. Die Umstände des Todes sind bis heute ungeklärt. Die Frage nach einer Selbsttötung steht im Raum ebenso wie die Frage, ob das Mädchen eventuell zuvor gemobbt worden ist. In der Hoffnung, tiefere Einblicke in die Beweggründe ihrer Tochter zu bekommen, wollte die Mutter das Facebook-Konto des Mädchens einsehen. Sie hoffte auch, dass ihr die Nachrichten helfen würden, Schadenersatzansprüche des U-Bahn-Fahrers abzuwehren. Doch obwohl sie die Zugangsdaten hatte, konnte sie sich nicht einloggen: Das soziale Netzwerk hatte das Nutzerkonto in einen sogenannten Gedenkzustand versetzt und den Zugriff verweigert. Am 12. Juli 2018 hat der Bundesgerichtshof in Karlsruhe in letzter Instanz entschieden, dass den Eltern als Erben das Recht zusteht, das Facebook-Konto einzusehen (BGH III ZR 183/17).

Das Landgericht Berlin hatte in erster Instanz bereits zugunsten der Eltern entschieden. Damit war Facebook aber nicht einverstanden, berief sich auf das Fernmeldegeheimnis der Tochter und deren Kommunikationspartner und legte Berufung ein. Das Berliner Kammergericht wies daraufhin die Wünsche der Eltern ab. Das Fernmeldegeheimnis, das die Kommunikationspartner schützen soll, stehe dem Wunsch der Eltern entgegen – auch wenn es verständlich sei, die Gründe für den Tod ihres Kindes näher

CHECKLISTE

Digitaler Nachlass

1 **Sichten und ordnen.** Verschaffen Sie sich einen Überblick. Hilfreich ist zuallererst der Zugang zum E-Mail-Account – dem Schlüssel zu vielen weiteren Online-Konten. Nicht vergessen: Auch Offline-Daten, die sich auf dem PC, Smartphone, Tablet oder USB-Stick befinden, können eventuell relevant sein.

2 **Passwörter suchen.** Durchsuchen Sie die Unterlagen des Verstorbenen nach Passwörtern und Zugangsdaten. Sie sind der einfachste Weg, um an die Webprofile zu kommen.

3 **Anbieter kontaktieren.** Wenn Sie keine Zugangsdaten finden, sind Sie auf die Hilfe der Webanbieter angewiesen. Diese sind durch das Urteil des Bundesgerichtshofs jetzt verpflichtet, Ihnen Zugriff auf das Konto des Verstorbenen zu gewähren, sofern Sie sich als Erbe legitimieren können. Wissen Sie nicht, bei welchen Anbietern der Verstorbene Accounts hatte, schreiben Sie die großen Anbieter an und fragen, ob er Kunde bei ihnen war. Alternativ können Sie einen Nachlassdienst damit beauftragen (siehe Kasten „Nachlassdienste" S. 88).

4 **Kündigen und bezahlen.** Fahnden Sie in den Daten nach kostenpflichtigen Abonnements und Rechnungen. Abonnements können teuer werden, deshalb sollten Sie diese umgehend kündigen. Offene Rechnungen sollten Sie prüfen und bezahlen.

5 **Sichern und löschen.** Entscheiden Sie, was mit den Daten und Konten weiter passieren soll, welche Sie löschen, in Gedenken erhalten oder weiter betreuen möchten (falls möglich). Eventuell hat auch der Verstorbene Handlungsanweisungen dafür hinterlassen. Vergessen Sie nicht, erhaltenswerte Fotos und wichtige Texte vor dem Löschen von Accounts zu sichern.

erforschen zu wollen (Kammergericht Berlin, Az. 21 U 9/16).

Der Bundesgerichtshof hat jetzt geurteilt, dass die Eltern des verstorbenen Mädchens einen Anspruch auf Zugang zu dem Account haben. Da auch Briefe und Tagebücher an die Erben übergingen, bestehe kein Grund, digitale Inhalte anders zu behandeln. Die Eltern treten somit als Erben in den Nutzungsvertrag ein, den die Tochter mit Facebook geschlossen hat. Das Fernmeldegeheimnis stehe dem nicht entgegen. Schon zu Lebzeiten müsste bei sozialen Netzwerken mit Missbrauch gerechnet werden. Auch müssten Chatpartner damit rechnen, dass ein Nutzer die Chatverläufe Dritten zeige. Facebook-Nutzer könnten also grundsätzlich nicht darauf vertrauen, dass bei dem sozialen Netzwerk niemand mitlese. Der Anspruch der Erben kollidiere auch nicht mit dem Datenschutzrecht, namentlich der Datenschutzgrundverordnung, die seit 25. Mai 2018 gilt. Durch diese würden nur lebende Personen geschützt.

Der Gedenkzustand bei Facebook

Das Profil auf Facebook kann in den sogenannten Gedenkzustand versetzt werden. Dann kann sich zwar niemand mehr bei dem Konto anmelden – die Inhalte, die der Verstorbene geteilt hat, sind aber von denjenigen, mit denen sie geteilt wurden, weiterhin einsehbar. Familienangehörige können auch die Löschung des Accounts beantragen. Hatte der Verstorbene einen Nachlasskontakt ausgewählt, kann dieser sich um das Konto im Gedenkzustand kümmern. Seit dem Urteil des BGH haben auch die Erben ein Recht darauf, den Account einzusehen.

Mitgliedschaften in Vereinen

Einer Organisation als Mitglied anzugehören, ist eine persönliche Angelegenheit, die nicht vererbt wird.

War jemand Mitglied in einem Sportverein, einer Partei oder einem Theaterclub, gilt fast immer: Mit dem Tod endet seine Mitgliedschaft. So sieht es üblicherweise jede Vereinssatzung vor, die Regeln für den Ein- und Austritt ihrer Mitglieder enthalten muss. Hinterbliebene müssen dem Verein den Todesfall nicht mitteilen, sie ersparen sich und ihm aber Bürokratie. Bezahlte der Verstorbene in der letzten Zeit keine Beiträge mehr, muss der Erbe dafür aufkommen.

Einige Vereine erheben einen jährlichen Beitrag, der etwa Ende Januar überwiesen oder per Lastschrift vom Konto eingezogen wird. Stirbt ein Mitglied im März, kann der Erbe den für die restlichen neun Monate gezahlten Jahresbeitrag anteilig zurückfordern. Dazu schickt er eine Kopie der Sterbeurkunde und des Erbscheins an den Vorstand, widerruft eine etwaige Einzugsermächtigung und nennt das Konto, auf das die Restsumme überwiesen werden soll.

Das Bankkonto eines Verstorbenen wird oft nicht gleich gelöscht. So kann es sein, dass ein Mitgliedsbeitrag per Dauerauftrag oder Lastschrift versehentlich weiter gezahlt wird. Bemerkt ein Erbe das, kann er zu viel bezahlte Beiträge zurückfordern.

Einige Vereine haben einen Passus in ihrer Satzung, wonach gezahlte Beiträge vom Ausscheiden eines Mitglieds unberührt bleiben und die Zahlungsverpflichtung erst mit Ablauf des Kalenderjahres endet. Ob damit nur das Ausscheiden aufgrund einer Kündigung oder auch das Ausscheiden durch Tod gemeint ist, ist unter Juristen umstritten.

Hat ein Verein auf seiner Mitgliederversammlung beispielsweise beschlossen, dass jedes Mitglied 150 Euro außerplanmäßige Umlage zahlen soll – etwa um Boote reparieren zu lassen –, hängt es vom Fälligkeitsdatum ab, ob das verstorbene Mitglied zur Zahlung verpflichtet ist. Lag der Termin vor dem Tod des Mitglieds, müssen die Erben normalerweise für die Umlage aufkommen.

Regelungen für Erben

Die Mitgliedschaft in einem Verein und dazu gehörende spezifische Rechte können nicht vererbt werden. Eine Vereinssatzung kann allerdings einen automatischen Übergang oder ein Eintrittsrecht für Erben vorsehen. Bei einem automatischen Übergang der Mitgliedschaft ist Erben auch ein sofortiges Austrittsrecht zuzugestehen. Kann ein Erbe selbst eintreten, muss die Satzung regeln, dass er seine Mitgliedschaft zuvor ausdrücklich erklären muss. Zahlt ein Erbe wissentlich oder unwissentlich nur weiterhin Mitgliedsbeiträge und erhält beispielsweise die Vereinszeitung, ist er damit nicht automatisch Mitglied.

Bei Kleingartenvereinen gibt es eine besondere Regelung. Die Mitgliedschaft erlischt mit dem Tod des Mitglieds. Standen Eheleute im Vertrag, geht das Pachtverhältnis auf den überlebenden Partner über. Ist das nicht der Fall, endet das Pachtverhältnis am Ende des auf den Tod folgenden Monats. Die Erben müssen ausstehende Pachtzinsen zahlen und das Grundstück auf ihre Kosten räumen oder zurückbauen. Bei der Weitergabe der Parzelle erhalten sie die Ablösesumme.

Steuern

Um das Thema „Steuern" machen die meisten gern einen Bogen. Erben beschäftigt es gleich in zweierlei Hinsicht:

Zum einen gehen die steuerlichen Verpflichtungen des Verstorbenen auf sie über. Sie müssen prüfen, ob sie für den Verstorbenen eine Steuererklärung abgeben müssen. In vielen Fällen kann sich das auch für sie lohnen.

Dann ist da noch die Erbschaftsteuer. Ist der Nachlass gering, ist es unwahrscheinlich, dass Sie Erbschaftsteuer zahlen müssen. Erben Sie viel, kann das Finanzamt aber einen ordentlichen Anteil fordern. Wie hoch er ausfällt, hängt vom Wert der Erbschaft und von Ihrem Verwandtschaftsverhältnis zum Verstorbenen ab. Hier erfahren Sie, wann sie fällig ist und was auf Sie zukommt.

Wichtige Steuerfragen für Hinterbliebene

Erben müssen steuerliche Rechte und Pflichten des Verstorbenen wahrnehmen. Bei der eigenen Einkommensteuererklärung und der des Verstorbenen gibt es einiges zu beachten.

Die Steuerpflicht eines Menschen endet mit seinem Tod. Trotzdem legt das Finanzamt den Fall eines Verstorbenen nicht einfach zu den Akten. Denn im Rahmen der Gesamtrechtsnachfolge übernehmen seine Erben auch alle seine steuerlichen Rechte und Pflichten. Bezog der Verstorbene zwischen Jahresbeginn und seinem Todestag steuerpflichtige Einkünfte, die nicht durch den Abzug von Lohn- oder Kapitalertragsteuer abgegolten sind (zum Beispiel Mieteinnahmen oder Einkünfte aus selbstständiger Tätigkeit), müssen Erben eine letzte Steuererklärung für ihn einreichen. Dann – oder wenn das Finanzamt sie auffordert – haben Erben fünf Monate nach Ende des Todesjahres dafür Zeit: Für das Jahr 2017 muss die Erklärung also spätestens am 31. Mai 2018 im Amt vorliegen. Hilft ein Steuerberater, bleibt für die Erklärung bis Ende 2018 Zeit. Wer die Abgabe verschwitzt, bekommt eine Erinnerung vom Finanzamt.

Tipp: Um eine Fristverlängerung können Sie formlos bitten. Gute Nachricht: Ab der Steuererklärung für 2018 haben alle zwei Monate länger Zeit für die Abgabe.

Wenn der Verstorbene als Arbeitnehmer beschäftigt war und ausschließlich Einkünfte aus nichtselbstständiger Arbeit bezog, lohnt es sich für Erben oft, die Steuererklärung freiwillig abzugeben: In der Regel fällt der monatliche Lohnsteuerabzug zu hoch aus und es winkt eine Erstattung. Dafür haben Erben nach Ende des Todesjahres vier Jahre Zeit.

Unterlagen beschaffen

Erben kann es schwerfallen, im Nachlass alle Unterlagen zu finden, die sie für eine Erklärung benötigen. Weisen sie aber ihre Gesamtrechtsnachfolge etwa mit einem Erbschein nach, können sie bei Institutionen wie Kranken- und Rentenkassen, den Banken oder dem Finanzamt Auskunft über das Vermögen und den Zahlungsverkehr des Verstorbenen erbitten.

Da Erben bei Unkenntnis alter Besteuerungsgrundlagen eventuell unrichtige Erklärungen abgeben, darf das Finanzamt berechtigten Personen Kopien alter Bescheide ausstellen. Das geht aber nur, wenn der Verstorbene zuvor Erklärungen für sich allein abgegeben hat. Ergingen die alten Bescheide im Rahmen einer Ehegattenveranlagung, muss der Verwitwete zustimmen, da das Finanzamt sonst das Steuergeheimnis verletzt.

Bei Ehegatten

Witwen und Witwer können für das Todesjahr des Ehepartners noch die Zusammenveranlagung wählen, wenn sie zum Todeszeitpunkt verheiratet und beide unbeschränkt steuerpflichtig waren sowie nicht dauernd getrennt lebten. Gibt es mehrere Erben, treten sie gemeinsam an die Stelle des Verstorbenen und müssen deshalb alle der Ehegattenbesteuerung zustimmen.

War im Todesjahr eine Zusammenveranlagung möglich, drücken Finanzbeamte im darauffolgenden Kalenderjahr noch einmal ein Auge zu: Dann wird der Hinterbliebene zwar allein veranlagt, die Höhe der Steuer ermitteln sie aber noch nach dem günstigen Splittingtarif. Dieses „Witwensplitting“ soll die finanzielle Belastung abmildern, die durch das plötzliche Alleinleben entstehen kann. Anschließend gilt der Grundtarif.

Erstattung oder Nachzahlen?

Bei der Gesamtrechtsnachfolge nach Paragraf 45 Abgabenordnung gehen „die Forderungen und Schulden aus dem Steuerschuldverhältnis auf den Rechtsnachfolger über“. Eine Steuererstattung, die sich für den Verstorbenen ergibt, steht den Erben zu. Sie müssen sie entsprechend der Erbquoten aufteilen.

Auch für Nachzahlungen müssen Erben aufkommen, dürfen den Betrag aber als Nachlassverbindlichkeit in der Erbschaftsteuererklärung geltend machen. Reicht das Erbe nicht aus, um die Steuern zu begleichen, müssen sie unter Umständen sogar in die eigene Tasche greifen. Sie haften gemäß Paragraf 1967 Absatz 1 Bürgerliches Gesetzbuch für Schulden des Verstorbenen auch mit ihrem privaten Vermögen.

Erben können das verhindern, indem sie das Erbe ausschlagen („Erbe ausschlagen“, S. 48). Dafür haben sie nach Bekanntwerden des Erbfalls nur sechs Wochen Zeit. In der Regel steht dann noch nicht fest, ob Steuern nachzuzahlen sind. Die Haftung lässt sich auch auf das vererbte Vermögen beschränken, etwa durch eine kostenpflichtige Nachlassverwaltung. In solchen Fällen sollten Erben aber vorsichtshalber einen Steuerberater oder einen Rechtsanwalt hinzuziehen.

Auch Steuerschulden eines verstorbenen Ehegatten können Probleme bereiten – insbesondere, wenn der Verwitwete als Alleinerbe mit dem Verstorbenen zusammen veranlagt wird: Dann ist er Gesamtschuldner für die eigene Einkommensteuer und die des Verstorbenen. Wird aber die Gesamtschuld auf Antrag aufgeteilt, darf das Finanzamt die Steuerschuld des Verstorbenen nicht eintreiben. Dann profitiert der verbliebene Partner vom Ehegattensplitting, die Schulden werden aber eindeutig dem Erblasser zugerechnet (Bundesfinanzhof, Az. VI R 45/04). So ist klar, für welchen Teil der Steuerschuld der Verwitwete möglicherweise nur beschränkt haften muss, weil er zum Erbe gehört, und welcher Teil auf ihn persönlich entfällt.

INFO

Bestattungskosten absetzen

Eine Beerdigung soll aus dem Nachlass des Verstorbenen bezahlt werden. Die Ausgaben lassen sich in der Erbschaftsteuererklärung als Nachlassverbindlichkeit bis zu einer Höhe von 10 300 Euro abziehen. Nur wenn das Erbe oder etwa die Auszahlung aus einer Lebensversicherung die Kosten nicht decken, können sie eine außergewöhnliche Belastung darstellen. Diese lässt sich in der Einkommensteuererklärung geltend machen, wenn sie sich zudem zwangsläufig ergibt: Eine Verpflichtung, die Beerdigung zu zahlen, entsteht zum Beispiel bei Erben, wenn sie das Erbe annehmen, und bei anderen Personen, wenn sie dem Verstorbenen gegenüber unterhaltspflichtig waren. Abziehbar sind nur Kosten, die unmittelbar für das Begräbnis anfallen, etwa für Grabstätte, Sarg, Trauerfeier, Gebühren, Transport und Todesanzeigen. Sie wirken sich nur aus, soweit sie die individuell zumutbare Belastung des Steuerzahlers überschreiten.

Einkünfte, die weiter fließen

Manche Verstorbene haben regelmäßige Einkünfte bezogen, die auch über ihren Tod hinaus weiter fließen, etwa Einnahmen aus einer vermieteten Wohnung. Erbt nur eine Person, muss sie diese Einkünfte in ihrer Steuererklärung mitteilen. Erben mehrere Personen gemeinsam, erfolgt die Besteuerung der Einkünfte durch die an der Erbengemeinschaft beteiligten Personen. Das Finanzamt muss die Einkünfte aber zunächst gesondert von anderen Besteuerungsverfahren für alle Beteiligten einheitlich feststellen. Die Erbengemeinschaft gibt dazu eine Feststellungserklärung ab, die alle Informationen zu den beteiligten Personen, ihren gemeinschaftlichen Einkünften und ihren Anteilen daran beinhaltet.

Das Finanzamt erlässt anschließend einen Feststellungsbescheid, in dem die Einkünfte den Beteiligten anteilig zugerechnet werden. Dieser Bescheid ist für die Einkommensteuererklärungen der einzelnen Beteiligten bindend.

Erbschaftsteuer

Ob ein Erbe Steuern zahlen muss, hängt vom Wert des Erbes und dem Verwandtschaftsverhältnis zum Verstorbenen ab.

Kaum eine Erbschaft bleibt dem Finanzamt verborgen – ob die Erben nun pflichtgemäß Mitteilung darüber machen oder nicht. Denn im Erbfall erhalten die Finanzbeamten aus verschiedenen Quellen Informationen über den Nachlass: etwa von Banken, Kreditinstituten und Versicherungsunternehmen sowie von Gerichten und Notaren, zum Beispiel nach der Erteilung eines Erbscheins oder der Testamentseröffnung. Banken und Kreditinstitute sind verpflichtet, dem Finanzamt beim Tod eines Kunden unaufgefordert den Stand der Konten und Wertpapierdepots mitzuteilen, sofern der Betrag 5 000 Euro überschreitet.

Aber auch der Erbe selbst ist in der Pflicht: Wer eine Erbschaft macht, muss das Finanzamt innerhalb von drei Monaten darüber informieren (siehe Checkliste „Meldung ans Finanzamt", rechts). Ausnahme: Es gibt ein Testament, das von einem deutschen Gericht oder Notar eröffnet wurde. Ausnahme von der Ausnahme: Wenn sich im Nachlass Grundbesitz, Betriebsvermögen, Anteile an Kapitalgesellschaften oder Auslandsvermögen befinden, muss der Erbe selbst dann tätig werden, wenn es eine letztwillige Verfügung gibt. Die Erbschaft muss er dem Finanzamt anzeigen.

Die Pflicht, die Erbschaft mitzuteilen, trifft jeden Erben. Sie ist nicht mit der Pflicht zur Abgabe einer Erbschaftsteuererklärung zu verwechseln. Ob eine Steuererklärung überhaupt notwendig ist, prüft das Finanzamt nach der Meldung. Es hängt davon ab, ob die Hinterbliebenen Erbschaftsteuer zahlen müssen.

Steuern werden dann fällig, wenn Vermögen übertragen wird, ohne dass der Begünstigte dafür eine Gegenleistung erbringt. Der Wert des Vermögens muss zusätzlich gewisse Freibeträge übersteigen.

Ergibt die Prüfung des Finanzamtes, dass der Erbe aller Voraussicht nach Steuern zahlen muss, fordert es ihn auf, eine Erbschaftsteuererklärung abzugeben. Gibt es mehrere Erben, können sie eine gemeinsame Steuererklärung einreichen. Das Finanzamt muss eine Frist von mindestens einem Monat einräumen.

CHECKLISTE

Meldung ans Finanzamt

Wenn Sie Erbe geworden sind, müssen Sie das Finanzamt darüber informieren. Dafür haben Sie drei Monate Zeit. Ein formloses Schreiben genügt. Zuständig ist das Amt am Wohnsitz des Verstorbenen. Es braucht folgende Angaben:

- Name, Identifikationsnummer, Beruf und Wohnung von Erblasser und Erbe
- Todestag und Sterbeort
- Gegenstand und Wert des Erbes
- Rechtsgrund des Erwerbs wie etwa gesetzliche Erbfolge oder Vermächtnis
- Persönliches Verhältnis zwischen Erblasser und Erbe, etwa Verwandtschaftsgrad
- Frühere Zuwendungen

Hohe Freibeträge für nahe Angehörige

Das Erbschaftsteuergesetz teilt die Erben in drei Steuerklassen ein und spricht ihnen unterschiedliche Freibeträge zu (siehe Tabelle „Freibeträge", S. 98). Bleiben sie mit ihrer Erbschaft unter diesen Grenzen, müssen sie überhaupt keine Steuern zahlen. Für den steuerpflichtigen Teil des Erbes, also den Betrag, der über den Freibetrag hinausgeht, legt das Erbschaftsteuergesetz unterschiedlich hohe Steuersätze fest (siehe Tabelle „Steuersätze", S. 99).

Es gilt die Faustregel: Je näher der Erbe mit dem Verstorbenen verwandt ist, desto höher ist sein Freibetrag und desto niedriger fällt seine Steuerlast aus. Wegen der hohen Freibeträge bleiben Erbschaften im Familienkreis in vielen Fällen steuerfrei. Doch ist das Vermögen sehr groß oder erben entferntere Verwandte oder der uneheliche Lebenspartner, kassiert das Finanzamt oft mit.

Dank des allgemeinen Steuerfreibetrags können beispielsweise Ehe- oder eingetragene Lebenspartner vom jeweils anderen bis zu 500 000 Euro erben, ohne dass auch nur ein Cent Steuer anfällt. Kinder erben pro Elternteil bis zu 400 000 Euro steuerfrei.
Beispiel: Witwe Anna ist Alleineigentümerin eines Hauses im Wert von 800 000 Euro. Nach ihrem Tod können ihre Kinder Max und Lina die Immobilie gemeinsam steuerfrei erben, da jedem ein Freibetrag in Höhe von 400 000 Euro zusteht.

Wie hoch der Freibetrag im Einzelfall ist, hängt von Verwandtschaftsverhältnis und Familienstand ab. Neben den persönlichen Freibeträgen für Erben gibt es außerdem weitere Freibeträge, etwa für Hausrat und persönliche Gegenstände des Verstorbenen (siehe Tabelle „Freibeträge", S. 98).

Geschwister, Nichten und Neffen haben in Steuerklasse II deutlich geringere Freibeträge als Ehepartner und Kinder: 20 000 Euro sind steuerfrei. Daneben steht ihnen ein Freibetrag für persönliche Güter des Verstorbenen von 12 000 Euro zu.

Der überlebende Ehegatte kann zusätzlich einen Versorgungsfreibetrag von bis zu 256 000 Euro geltend machen. Dieser mindert sich um den Kapitalwert von Rentenleistungen wie Witwenrente unter Umständen bis auf Null.

Bis zum 27. Lebensjahr haben auch Kinder je nach Alter einen Versorgungsfreibetrag von 10 300 bis 52 000 Euro.

Während Enkel noch 200 000 Euro steuerfrei erben, wird es bei unverheirateten

Freibeträge für Erbschaften und Steuern

Ehepartner, eingetragene Lebenspartner und nahe Verwandte profitieren von hohen Freibeträgen.

Verwandtschaftsverhältnis	Allgemeiner Freibetrag	Versorgungsfreibetrag[1)]	Freibetrag für Hausrat	Freibetrag für andere Güter[2)]
Steuerklasse I				
Ehegatten, eingetragene Lebenspartner	500 000	256 000	41 000	12 000
Kinder, Stiefkinder, Adoptivkinder, Kinder verstorbener Kinder	400 000	10 300 – 52 000[3)]	41 000	12 000
Andere Enkel und Stiefenkel	200 000	0	41 000	12 000
Urenkel	100 000	0	41 000	12 000
Eltern, Groß- und Urgroßeltern[4)]	100 000	0	41 000	12 000
Steuerklasse II				
Geschwister, Nichten und Neffen, Schwiegerkinder und -eltern, Stiefeltern, geschiedene Ehegatten, Partner einer aufgehobenen Lebenspartnerschaft	20 000	0	12 000[5)]	
Steuerklasse III				
Onkel, Tanten, Lebensgefährten, Nachbarn, Freunde und andere	20 000	0	12 000[5)]	

1) Gilt nur für Erbschaften, allerdings mindert sich der Versorgungsfreibetrag um den Kapitalwert von Hinterbliebenenrenten.

2) Zum Beispiel für Autos, Wohnmobile oder Boote; nicht für Goldbarren, Münzen, Briefmarken etc.

3) Kinder bis 5 Jahre 52 000 Euro, bis 10 Jahre 41 000 Euro, bis 15 Jahre 30 700 Euro, bis 20 Jahre 20 500 Euro, bis 27 Jahre 10 300 Euro.

4) Nur bei Erbschaften Steuerklasse I, bei Schenkungen Steuerklasse II mit den dort geltenden Freibeträgen.

5) Zusammengefasster Freibetrag für Hausrat, Wäsche, Bekleidung und andere bewegliche Güter.

Paaren und allen anderen Nichtverwandten teuer. Ebenso wie Geschwister des Verstorbenen können sie nur 20 000 Euro steuerfrei erben. Zudem sind sie in der ungünstigsten der drei Steuerklassen – mit der Folge, dass für die Erbschaft die höchsten Steuersätze gelten.

Viel Vermögen – hohe Sätze

Erst wenn die Freibeträge ausgeschöpft sind, erhebt das Finanzamt Steuern – und zwar nur für die Differenz zwischen dem Wert der Erbschaft und dem Freibetrag. Je größer das steuerpflichtige Erbe ist, desto höher ist auch der Steuersatz. Die Steuersätze sind wie die Freibeträge an das Verwandtschaftsverhältnis zum Verstorbenen geknüpft.

Für Ehepartner, Kinder, Enkel, Eltern und Großeltern gelten die niedrigen Sätze der Steuerklasse I. Für den Teil des Erbes, der ihren Freibetrag übersteigt, müssen sie zwischen 7 und 30 Prozent Steuern zahlen. Die hohen Steuersätze gelten hier allerdings nur für hohe Millionenbeträge.

Geschwister, Nichten und Neffen zahlen deutlich mehr. Für sie gelten in Steuerklasse II Sätze zwischen 15 und 43 Prozent.

Am tiefsten greift das Finanzamt entfernten Verwandten und nicht verwandten Erben in die Tasche. Zu den nicht verwandten Erben gehören auch unverheiratete Lebenspartner. Steuerlich werden sie wie Fremde behandelt. Je nachdem, wie viel sie erben, müssen sie in Steuerklasse III zwischen 30 und 50 Prozent des Erbes ans Finanzamt abgeben.

Beispiel: Alexander und Sandra sind nicht verheiratet. Alexander macht Sandra in seinem Testament zur Alleinerbin. Als Alexander stirbt, erbt Sandra die Eigentumswohnung im Wert von 220 000 Euro. Ihr steht ein Freibetrag in Höhe von 20 000 Euro zu. Für die Differenz in Höhe von 200 000 Euro (220 000 minus 20 000 Euro) wird Erbschaftsteuer fällig. Und die hat es in sich: Für Sandra als Lebensgefährtin gilt Steuerklasse III. Weil der Wert des steuerpflichtigen Erbes über 75 000 und unter 300 000 Euro liegt, muss sie 30 Prozent Steuern zahlen. Das sind 60 000 Euro.

Familienheim bleibt steuerfrei

Unabhängig von ihrem persönlichen Freibetrag können Ehe- und eingetragene Lebenspartner sowie Kinder das selbst genutzte Familienheim steuerfrei erben. Bedingung: Sie müssen anschließend mindestens zehn Jahre in der Wohnung oder dem Haus wohnen. Wenn der Erbe auszieht, bevor die zehn Jahre vergangen sind, wird selbst im Nachhinein noch Erbschaftsteuer fällig.

Ausnahme: Es gab einen wichtigen Grund für den Auszug. Was ein wichtiger Grund ist, wird streng beurteilt. Braucht der Erbe Pflege und muss ins Heim, wird keine Erbschaftsteuer fällig. Zahlen muss aber, wer sich neu verliebt und in die Wohnung des Partners zieht.

Erben Kinder das Elternhaus, gilt zusätzlich: Steuerfrei ist nur eine Wohnfläche von maximal 200 Quadratmetern. Der Wert der darüber hinausgehenden Fläche muss versteuert werden.

Steuersätze

Der Steuersatz hängt bei der Erbschaftsteuer von zwei Faktoren ab – zum einen von der Steuerklasse, in die der Erbe je nach Verwandtschaftsgrad eingestuft wird, und zum anderen von der Höhe des steuerpflichtigen Erbes. Ehe- und eingetragene Lebenspartner und Kinder zahlen in Steuerklasse I maximal 30 Prozent, Geschwister in Klasse II bis 43 Prozent, Unverheiratete in Klasse III bis 50 Prozent Steuern.

Steuerpflichtiges Erbe oder Geschenk bis ... Euro	Steuern in Prozent bei Steuerklasse I	II	III
75 000	7	15	30
300 000	11	20	30
600 000	15	25	30
6 000 000	19	30	30
13 000 000	23	35	50
26 000 000	27	40	50
Über 26 000 000	30	43	50

INFO

Welche Werte für die Steuer zählen

Bargeld-, Bank- und Sparguthaben. Nominalwert in Euro am Todes- oder Schenkungstag plus der bis dahin aufgelaufenen Zinsen.

Börsennotierte Wertpapiere wie Aktien. Niedrigster notierter Kurswert in Euro am Todestag des Erblassers oder am Tag der Schenkung.

Anteile an Fonds. Rücknahmepreis in Euro am Todestag oder am Tag der Schenkung.

Wiederkehrende Leistungen wie Renten und Wohnrechte. Kapitalwert in Euro: Jahreswert der Leistungen x Vervielfältiger. Dessen Höhe richtet sich nach der Laufzeit der zugesagten Nutzung oder bei lebenslanger Nutzung nach der Lebenserwartung des Erben.

Lebensversicherungen. Erbschaft: ausgezahlte Versicherungssumme. Schenkung: Rückkaufswert der Police.

Edelmetalle wie Gold, Silber. Kurswert in Euro am Todestag oder Tag der Schenkung.

Hausrat, Schmuck, Kunst Verkehrswert (entspricht dem möglichen Verkaufspreis).

Immobilien Verkehrswert, bei vermieteten Wohnimmobilien minus 10 Prozent.

Wichtig: Die Möglichkeit, ein Haus steuerfrei zu erben, bezieht sich ausschließlich auf das selbst genutzte Familienheim. Gehören Zweit- und Ferienwohnungen zum Nachlass, fällt Erbschaftsteuer an.

Wie Vermögen bewertet wird

Besteuert werden soll laut Gesetz die „Bereicherung“ des Erwerbers. Grundsätzlich ist dafür der Verkehrswert von Vermögensgegenständen maßgeblich – also der Marktpreis, der sich unter normalen Verhältnissen erzielen lässt. Eine wichtige Rolle spielt folglich die Frage, wie das Finanzamt Vermögensgegenstände bewertet (siehe „Welche Werte für die Steuer zählen“).
Wichtig: Schulden, die nach dem Tod auf die Erben übergehen, werden mit ihrem vollen Wert vom Erbe abgezogen. Dabei kann es sich um Mietrückstände, unbezahlte Rechnungen oder Steuerschulden handeln. Neben Schulden, die der Verstorbene zu Lebzeiten gemacht hat, zählen zu den Nachlassverbindlichkeiten ebenso Schulden, die der Verstorbene durch seinen Tod verursacht hat – also auch Beerdigungskosten.

Besonderheiten bei Lebensversicherungen

Hatte der Verstorbene eine Lebensversicherung und erhalten Hinterbliebene die vereinbarte Summe ausgezahlt, hängt es von mehreren Faktoren ab, ob sie dafür Erbschaftsteuer zahlen müssen – unter anderem davon, wer Versicherungsnehmer war und in welchem Verhältnis Verstorbener und Begünstigter zueinander standen.
Beispiel: Bernd hat als Versicherungsnehmer eine Risikolebensversicherung abgeschlossen, wonach seiner Frau Charlotte – namentlich als Bezugsberechtigte in der Police benannt – im Fall seines Todes 150 000 Euro zustehen.

Die ausgezahlte Summe ist erbschaftsteuerpflichtig, zahlen muss Charlotte aber nur, wenn ihr gesamtes Erbe ihre Freibeträge übersteigt.

Auch Kinder haben gute Chancen, die ausgezahlte Lebensversicherung und andere Werte steuerfrei zu erben, da für sie ein Freibetrag von 400 000 Euro gilt.

Deutlich wahrscheinlicher ist die Steuerpflicht, wenn der in der Police Begünstigte nicht mit dem Verstorbenen verwandt oder verheiratet war.

Beispiel: Bernd und Charlotte sind nicht verheiratet und der Lebensversicherer zahlt die 150 000 Euro an Charlotte aus. In diesem Fall gilt für sie nur der Steuerfreibetrag von 20 000 Euro. Für die restlichen 130 000 Euro aus der Lebensversicherung muss sie bei einem Steuersatz von 30 Prozent 39 000 Euro Erbschaftsteuer zahlen.

Für Paare, die einen gemeinsamen Vertrag, eine sogenannte verbundene Leben, abgeschlossen haben, gilt: Nach dem Tod des einen Partners zählt für den anderen die Hälfte der vereinbarten Versicherungssumme zum steuerpflichtigen Erbe. Die Hälfte der Versicherungssumme wird also auf den Steuerfreibetrag angerechnet.

Vertauschte Rollen helfen sparen

Hinterbliebene, die mit ihrem Partner quasi über Kreuz einen Versicherungsvertrag abgeschlossen haben, müssen die Steuer hingegen nicht fürchten: „Das gilt, wenn der Begünstigte zugleich Versicherungsnehmer ist“, sagt Erbrecht-Experte Anton Steiner.

UNSER RAT

Melden und rechnen

Erbschaft melden. Als Erbe sind Sie verpflichtet, die Erbschaft beim Finanzamt anzuzeigen. Tun Sie das nicht, kann dies zu einem Strafverfahren wegen (versuchter) Steuerhinterziehung führen, wenn dadurch die Erbschaftsteuer nicht oder verspätet festgesetzt wird.

Steuererklärung abgeben. Ob Sie über die bloße Anzeige der Erbschaft hinaus eine Erbschaftsteuererklärung abgeben müssen, hängt vom Wert der Erbschaft ab. Sollte eine Steuererklärung nötig sein, meldet sich das Finanzamt.

Steuerlast berechnen. Mithilfe der Tabellen können Sie Ihre Steuerlast berechnen. Ordnen Sie sich der richtigen Steuerklasse zu und ziehen Sie Ihre Freibeträge vom Wert der Erbschaft ab. Bleibt eine Differenz, ordnen Sie diesen Betrag der Spalte „steuerpflichtiges Erbe“ in der Tabelle „Steuersätze“ zu und ermitteln Sie den Ihrer Steuerklasse entsprechenden Prozentsatz.

Übertragen auf das vorherige Beispiel heißt das: Nicht Bernd hätte die Lebensversicherung abgeschlossen, sondern seine Frau oder Freundin Charlotte wäre Versicherungsnehmerin und gleichzeitig auch die Begünstigte, die bei Bernds Tod die vertraglich vereinbarte Summe ausgezahlt bekommt. „Sie bekommt also das Geld aus ihrem eigenen Vertrag“, sagt Rechtsanwalt Steiner, „damit liegt kein Erbfall und keine Steuerpflicht vor.“

Service

Register

Die Stiftung Warentest wurde 1964 auf Beschluss des Deutschen Bundestages gegründet, um dem Verbraucher durch vergleichende Tests von Waren und Dienstleistungen eine unabhängige und objektive Unterstützung zu bieten.

Stiftung Warentest
Lützowplatz 11–13
10785 Berlin
Telefon 0 30/26 31–0
Fax 0 30/26 31–25 25
www.test.de
email@stiftung-warentest.de

USt-IdNr.: DE136725570

Vorstand: Hubertus Primus
Weitere Mitglieder der Geschäftsleitung:
Dr. Holger Brackemann, Daniel Gläser

Programmleitung: Niclas Dewitz

Autorinnen: Sophie Mecchia, Eugénie Zobel-Kowalski
Redaktion: Barbara Bückmann, Marieke Einbrodt, Anja Hardenberg, Christoph Herrmann, Susanne Meunier, Theo Pischke, Isabell Pohlmann, Kirsten Schikiera, Marie Schlicker, Max Schmutzer, Michael Sittig, Marion Weitemeier
Verifikation: Katharina Jabrane
Projektleitung/Lektorat: Ursula Rieth
Mitarbeit: Merit Niemeitz
Korrektorat: Hartmut Schönfuß
Titelentwurf: Josephine Rank, Berlin
Layout: Martina Römer
Grafik, Satz: Sylvia Heisler
Bildnachweis: fotolia/vinkirill (Titel)
Infografiken: René Reichelt

Produktion: Vera Göring
Verlagsherstellung: Rita Brosius (Ltg.), Romy Alig, Susanne Beeh
Litho: tiff.any, Berlin
Druck: pva, Druck und Medien-Dienstleistungen GmbH

ISBN: 978-3-86851-290-8

Wir haben für dieses Buch 100 % Recyclingpapier und mineralölfreie Druckfarben verwendet. Stiftung Warentest druckt ausschließlich in Deutschland, weil hier hohe Umweltstandards gelten und kurze Transportwege für geringe CO_2-Emissionen sorgen. Auch die Weiterverarbeitung erfolgt ausschließlich in Deutschland.

Service
Alle Formulare können Sie auch kostenlos online ausfüllen. Sie finden sie unter **test.de/formulare-trauerfall**

Formulare

zum Heraustrennen

Checkliste: Die wichtigsten Erledigungen nach einem Todesfall

Vermögensübersicht

Erbschaft ausschlagen

Kündigung der Wohnung

Kündigung Strom, Wasser, Gas

Kündigung Versicherungen

Kündigung Mobilfunk und Festnetz

Vereinsmitgliedschaft beenden

Die wichtigsten Erledigungen nach einem Todesfall

Nach dem Tod eines Angehörigen fallen zahlreiche Aufgaben und Formalitäten an. Die Checkliste fasst die wichtigsten Schritte zusammen und hilft, die notwendigen Gänge zu organisieren.

1. Direkt nach dem Tod

☐ **Den Totenschein ausstellen lassen**
Ist ein Mensch zu Hause gestorben, müssen Sie als Angehöriger oder Mitbewohner den Hausarzt oder den ärztlichen Notdienst verständigen, der den Totenschein ausstellt. Im Krankenhaus, Wohn- oder Pflegeheim kümmert sich die Verwaltung darum. Den Totenschein brauchen Sie, um die Sterbeurkunde zu beantragen und die Bestattung zu organisieren.

☐ **Angehörige benachrichtigen**
Informieren Sie zeitnah Angehörige und Freunde, die vom Verstorbenen Abschied nehmen wollen.

☐ **Verfügungen und Verträge suchen**
Versuchen Sie herauszufinden, ob der Verstorbene eine Bestattungsverfügung und/oder einen Bestattungsvorsorgevertrag hinterlassen hat. In der Verfügung kann der Verstorbene zum Beispiel festgelegt haben, wo und wie er bestattet werden möchte und in welchem Rahmen die Trauerfeier stattfinden soll.
Ein Vorsorgevertrag regelt die Einzelheiten der Bestattung. Finden Sie eine solche Vereinbarung, sollten Sie das Bestattungsunternehmen umgehend vom Tod in Kenntnis setzen.

☐ **Wichtige Unterlagen bereitlegen**
Legen Sie den Personalausweis und die Geburtsurkunde des Verstorbenen bereit. Abhängig vom Familienstand des Verstorbenen kommen weitere Dokumente dazu:

Für Verheiratete:	☐ Heiratsurkunde/Familienbuch	
Für Verwitwete:	☐ Heiratsurkunde/Familienbuch	☐ Sterbeurkunde des Partners
Für Geschiedene:	☐ Heiratsurkunde/Familienbuch	☐ Scheidungsurteil

2. Innerhalb der ersten zwei Tage

☐ **Bestattungsunternehmen aussuchen**
Holen Sie Angebote von verschiedenen Bestattern ein. Die Preise unterscheiden sich erheblich. Wichtig zu wissen: Bestatter sind oft rund um die Uhr und auch an Sonn- und Feiertagen erreichbar.

☐ **Überführung des Toten veranlassen**
Innerhalb von 24 bis 48 Stunden nach Eintritt des Todes muss der Verstorbene von seiner Wohnung, dem Krankenhaus oder Heim, in dem er gestorben ist, zur Leichenhalle auf dem Friedhof oder beim Bestatter überführt werden. Welche Frist gilt, hängt vom jeweiligen Bundesland ab.

☐ **Aufgaben des Bestatters festlegen**
Überlegen Sie, welche organisatorischen Aufgaben Sie an den Bestatter übertragen möchten, die über die eigentliche Bestattung hinausgehen. Zum Beispiel kann er sich um die Abmeldung des Verstorbenen beim Standesamt kümmern, um die Beantragung der Sterbeurkunden und die Organisation der Trauerfeier.

☐ **Bestattungsart wählen**
Sofern der Verstorbene keine Wünsche geäußert hat, müssen Sie als nächster Angehöriger über die Art der Bestattung entscheiden. Hierbei ist der mutmaßliche Wille des Verstorbenen maßgeblich. Es geht also darum, was sich der Verstorbene gewünscht hätte.

- [ ] **Einzelheiten der Bestattung klären**
Wählen Sie einen Sarg und gegebenenfalls eine Urne aus und besprechen Sie mit dem Bestatter, welche Kleidung der Verstorbene tragen und welchen Umfang die Trauerfeier haben soll.

- [ ] **Versicherungen informieren**
Sofern der Verstorbene eine Lebens- oder Sterbegeldversicherung hatte, müssen Sie den Versicherer informieren. Dafür haben Sie nach dem Tod meist nur zwei Tage Zeit.
Dasselbe gilt für die Unfallversicherung des Verstorbenen. Auch die gesetzliche oder die private Krankenversicherung und die Rentenversicherung müssen Sie benachrichtigen.

- [ ] **Arbeitgeber informieren**
Geben Sie dem Arbeitgeber Bescheid, sofern der Verstorbene erwerbstätig war.

- [ ] **Wohnung des Verstorbenen versorgen**
Versorgen Sie den Haushalt des Verstorbenen, wenn er allein gelebt hat.

- [ ] **Den Tod beim Standesamt anzeigen**
Informieren Sie das Standesamt, sofern der Bestatter oder das Krankenhaus beziehungsweise das Pflegeheim das nicht bereits getan haben. Hierfür haben Sie nach dem Todesfall nur drei Tage Zeit.

- [ ] **Die Sterbeurkunde beantragen**
Kümmert sich der Bestatter nicht um die Beantragung der Sterbeurkunde, müssen Sie diese beim Standesamt ausstellen lassen. Sie wird für die Bestattung benötigt oder um Verträge zu kündigen und Konten aufzulösen.

3. Zwei bis drei Tage nach dem Tod

- [ ] **Testament abgeben**
Wenn es ein Testament gibt, müssen Sie es umgehend beim Nachlassgericht am letzten Wohnort des Verstorbenen abgeben oder einsenden – dann aber unbedingt per Einschreiben mit Rückschein.

- [ ] **Bankvollmacht suchen**
Sind Sie durch eine Bankvollmacht des Verstorbenen bevollmächtigt, auf dessen Konto zuzugreifen und den Kontostand und Zahlungsverkehr einzusehen, sollten Sie den laufenden Zahlungsverkehr prüfen und gegebenenfalls stoppen oder korrigieren.

- [ ] **Eigentum des Verstorbenen abholen**
Hat der Verstorbene im Pflegeheim oder einer ähnlichen Einrichtung gelebt, sollten Sie zeitnah sein Eigentum von dort abholen.

- [ ] **Friedhof und Grab auswählen**
Hat der Verstorbene seine Wünsche zu Friedhof und Grab nicht festgehalten, müssen Sie als Angehöriger darüber entscheiden. Wenn Sie einen Friedhof ausgesucht haben, rufen Sie oder der Bestatter bei der Friedhofsverwaltung an und fragen, ob eine Bestattung dort möglich ist. Denn nicht immer gibt es einen freien Platz oder die gewünschte Grabform.

- [ ] **Termin für die Bestattung vereinbaren**
Legen Sie mit der Friedhofsverwaltung den Termin für die Bestattung fest. Um den Verstorbenen zu beerdigen oder einäschern zu lassen, bleiben je nach Bundesland nur vier bis zehn Tage Zeit. Auch der Bestatter kann den Termin für Sie abstimmen.

4. Vor der Bestattung

- [ ] **Den Nachlass sichten**
Sichten Sie frühzeitig den Nachlass – auch, um die Finanzierung der Bestattung klären zu können. Aufschluss über das Vermögen des Verstorbenen geben in erster Linie dessen Konten.

- [ ] **Die Trauerfeier planen**
Überlegen Sie, ob die Trauerfeier religiös oder weltlich gestaltet werden, welchen Rahmen sie haben und wer eingeladen werden soll.

- [ ] **Gespräch mit Geistlichem führen**
Besprechen Sie im Gespräch mit dem Geistlichen oder dem Trauerredner, wie der Verstorbene gewürdigt werden und wie die Trauerfeier ablaufen soll.

- [ ] **Trauerbriefe und -anzeigen drucken**
Lassen Sie Trauerbriefe drucken und versenden Sie diese, sobald alle Termine und der Ort für die Beisetzung feststehen. Hilfreich ist es, vorher eine Liste der Empfänger zu erstellen.
Überlegen Sie außerdem, ob Sie eine Traueranzeige in einer Zeitung schalten möchten.

- [ ] **Blumen beim Floristen bestellen**
Üblich sind Kränze oder Gebinde, aber letztlich liegt die Entscheidung über Blumen in der Trauerhalle oder am Grab bei den Angehörigen. Viele Floristen haben spezielle Angebote für Grabschmuck.

- [ ] **Restaurant für Trauermahl reservieren**
Wünschen Sie ein Trauermahl, reservieren Sie möglichst frühzeitig Tische in einem Restaurant oder Café – am besten in einem separaten Raum.

5. Nach der Bestattung

- [ ] **Dokumente ordnen**
Legen Sie die Dokumente, die Sie nach dem Tod erhalten haben oder vorlegen mussten, gesammelt ab.

- [ ] **Hinterbliebenenrente beantragen**
Beantragen Sie gegebenenfalls Hinterbliebenenrente bei der Rentenversicherung. Innerhalb eines Monats können Sie einen Vorschuss auf die Rente beim Rentenservice der Deutschen Post beantragen.

- [ ] **Verträge kündigen**
Spätestens nach der Bestattung sollten Sie die Verträge des Verstorbenen prüfen und überlegen, welche Sie kündigen und welche Sie übernehmen wollen.

- [ ] **Erbschein beantragen**
Um sich als Erbe ausweisen zu können, müssen Sie häufig einen Erbschein beantragen. Das ist zum Beispiel der Fall, wenn es nur ein eigenhändiges Testament gibt oder wenn es gar kein Testament oder keinen Erbvertrag gibt und Sie durch die gesetzliche Erbfolge zum Erben werden. Den Erbschein müssen Sie beim Nachlassgericht am Wohnort des Verstorbenen beantragen.

- [ ] **Danksagungen versenden**
Falls Sie es möchten, bedanken Sie sich ein paar Wochen nach der Beisetzung für die Beileidsbekundungen: per Inserat in der Zeitung oder in persönlichen Karten oder Briefen.

- [ ] **Wohnung räumen**
Räumen Sie die Wohnung des Verstorbenen, wenn er in einer Mietwohnung lebte. Gegebenenfalls müssen Sie kündigen und renovieren.

Vermögensübersicht

Um sich einen Überblick über das Vermögen des Verstorbenen und den möglichen Nachlass zu verschaffen, tragen Sie unter „1. Haben" das positive Vermögen des Verstorbenen ein mit allen Bankkonten, Schließfächern etc. Unter „2. Soll" tragen Sie das negative Vermögen ein, also die Schulden des Verstorbenen.

Bitte beachten Sie, dass das Formular unter Umständen die persönlichen Lebensumstände des Verstorbenen nicht vollständig berücksichtigt. Füllen Sie nur aus, was den Verstorbenen betrifft, und lassen Sie die restlichen Textfelder frei beziehungsweise ergänzen Sie sie – wenn nötig – auf einem Extrablatt.

1. Haben

1.1 Bank- und Sparguthaben
(z. B. Girokonten, Sparbücher, Sparverträge, Tages- und Festgeldkonten)

Kreditinstitut

IBAN

Kontoinhaber

Bemerkungen (z. B. Bevollmächtigter, Aufbewahrungsort der Vollmacht)

Habenwert (EUR)

Kreditinstitut

IBAN

Kontoinhaber

Bemerkungen (z. B. Bevollmächtigter, Aufbewahrungsort der Vollmacht)

Habenwert (EUR)

Kreditinstitut

IBAN

Kontoinhaber

Bemerkungen (z. B. Bevollmächtigter, Aufbewahrungsort der Vollmacht)

Habenwert (EUR)

1.2 Bankschließfach

Kreditinstitut

Fachnummer

Inhalt (z. B. Gold, Schmuck etc.)

Habenwert (EUR)

1.3 Wertpapiere / Wertpapierdepots

Wertpapiere / Depot bei

Depotnummer

Aufbewahrungsort der Unterlagen

Habenwert (EUR)

Wertpapiere / Depot bei

Depotnummer

Aufbewahrungsort der Unterlagen

Habenwert (EUR)

Wertpapiere / Depot bei

Depotnummer

Aufbewahrungsort der Unterlagen

Habenwert (EUR)

1.4 Beteiligung an Kapital- und Personengesellschaften

(z. B. Beteiligung an einer GmbH oder GbR)

Name / Art der Beteiligung

Aufbewahrungsort der Unterlagen

Habenwert (EUR)

1.5 Beteiligung an geschlossenen Fonds
(z. B. Immobilienfonds, Schiffsfonds)

Name / Art der Beteiligung

Aufbewahrungsort der Unterlagen

Habenwert (EUR)

1.6 Ansprüche aus Lebensversicherungen

☐ Kapitallebensversicherung ☐ Risikolebensversicherung

Versicherungsgesellschaft

Begünstigte Person(en)

Versicherungsscheinnummer

Aufbewahrungsort der Unterlagen

Habenwert (EUR)

☐ Kapitallebensversicherung ☐ Risikolebensversicherung

Versicherungsgesellschaft

Begünstigte Person(en)

Versicherungsscheinnummer

Aufbewahrungsort der Unterlagen

Habenwert (EUR)

1.7 Ansprüche aus privater Altersvorsorge
(z. B. Riester-Rente, private Rentenversicherung)

Vertragsanbieter

Art der Altersvorsorge

Vertrags- / Versicherungsnummer

Aufbewahrungsort der Unterlagen

Habenwert (EUR)

Vertragsanbieter

Art der Altersvorsorge

Vertrags-/Versicherungsnummer

Aufbewahrungsort der Unterlagen

Habenwert (EUR)

Vertragsanbieter

Art der Altersvorsorge

Vertrags-/Versicherungsnummer

Aufbewahrungsort der Unterlagen

Habenwert (EUR)

1.8 Ansprüche aus betrieblicher Altersvorsorge

Arbeitgeber

Betriebliche Altersvorsorge (z. B. Direktversicherung, Pensionskasse) bei

Personalnummer

Aufbewahrungsort der Unterlagen

Habenwert (EUR)

1.9 Ansprüche aus Bausparverträgen

Bausparkasse

Bausparvertragsnummer

Aufbewahrungsort der Unterlagen

Habenwert (EUR)

Bausparkasse

Bausparvertragsnummer

Aufbewahrungsort der Unterlagen

Habenwert (EUR)

1.10 Kraftfahrzeuge

Fahrzeug

Kennzeichen

Aufbewahrungsort Fahrzeugbrief

Habenwert (EUR)

Fahrzeug

Kennzeichen

Aufbewahrungsort Fahrzeugbrief

Habenwert (EUR)

Sonstiges (z. B. Angaben zu Wohnwagen, Motorboot etc.)

Habenwert (EUR)

1.11 Wertvolle Sammlungen, Antiquitäten

(z. B. Briefmarken, Bücher, Schmuck, Möbel, wertvolle Gegenstände)

Gegenstand

Aufbewahrungsort

Habenwert (EUR)

1.12 Gold, Münzen

Aufbewahrungsort

Habenwert (EUR)

1.13 Private Kredite

(z. B. Darlehen an Familienangehörige, gute Freunde)

Schuldner

Habenwert (EUR)

1.14 Forderungen aus Erbschaften

Erblasser

Art der Erbschaft

Habenwert (EUR)

1.15 Ansprüche aus offenen Rechtsstreitigkeiten
(z. B. Scheidung, Schadenersatzklage, Steuerstreit, Abfindung)

Angaben hierzu

(bei Bedarf auf Extrablatt ergänzen)

Habenwert (EUR)

1.16 Selbst genutztes Einfamilienhaus, Eigentumswohnung

☐ Haus ☐ Wohnung

Straße / Hausnummer

PLZ / Ort

Grundbuchbezeichnung und Grundbuchamt

Sonstiges (z. B. Miteigentumsverhältnisse)

Habenwert (EUR)

1.17 Vermietete Immobilien

☐ Haus ☐ Wohnung

Straße / Hausnummer

PLZ / Ort

Grundbuchbezeichnung und Grundbuchamt

Sonstiges (z. B. Miteigentumsverhältnisse)

Habenwert (EUR)

☐ Haus ☐ Wohnung

Straße / Hausnummer

PLZ / Ort

Grundbuchbezeichnung und Grundbuchamt

Sonstiges (z. B. Miteigentumsverhältnisse)

Habenwert (EUR)

1.18 Ferienhaus / -wohnung

☐ Haus ☐ Wohnung

Straße / Hausnummer

PLZ / Ort

Grundbuchbezeichnung und Grundbuchamt

Sonstiges (z. B. Miteigentumsverhältnisse)

Habenwert (EUR)

1.19 Sonstiges

(z. B. Betriebsvermögen, Rechte und Ansprüche aus Urheber- und Patentrechten)

Angaben hierzu

Aufbewahrungsort der Unterlagen

Habenwert (EUR)

Haben gesamt (EUR)

2. Soll

2.1 (Bauspar-)Darlehen, Hypotheken und Grundschulden

☐ (Bauspar-)Darlehen ☐ Hypothek ☐ Grundschuld

bei

Vertragsnummer

Sollwert (EUR)

☐ (Bauspar-)Darlehen ☐ Hypothek ☐ Grundschuld

bei

Vertragsnummer

Sollwert (EUR)

2.2 Ratenkredite

Kreditgeber

Vertragsnummer

Sollwert (EUR)

Kreditgeber

Vertragsnummer

Sollwert (EUR)

2.3 In Anspruch genommener Dispokredit / überzogenes Konto

Kreditinstitut

IBAN

Kontoinhaber

Bemerkungen (z. B. Bevollmächtigter)

Sollwert (EUR)

2.4 Miet- oder Steuerschulden

Gläubiger

(bei Bedarf auf Extrablatt ergänzen)

Sollwert
(EUR)

2.5 Private Schulden
(z. B. bei Freunden, Angehörigen)

Gläubiger

Sollwert
(EUR)

2.6 Sonstiges

Angaben hierzu

(bei Bedarf auf Extrablatt ergänzen)

Sollwert
(EUR)

Soll gesamt
(EUR)

Summe des positiven Vermögens
(EUR)

Summe des negativen Vermögens
(EUR)

Potenzieller Wert des Nachlasses

Datum der Auflistung

Anschrift des Nachlassgerichts

Name

Straße

PLZ, Ort

Telefon

Mobil

E-Mail

Datum, Ort

Erbausschlagung in der Nachlasssache des/der am ________ verstorbenen

______________________________, geboren am ________

zuletzt wohnhaft: ______________________________

Sehr geehrte Damen und Herren, ______________________________

am ________ ist meine/mein ________ ______________________________

Angehörigenverhältnis Name des/der Verstorbenen

____

verstorben. Die mir zugefallene Erbschaft schlage ich, ______________________________

geboren am ________ aus allen Berufungsgründen aus. Der Nachlass ist überschuldet. Von der

Erbschaft habe ich am ________ erfahren.

Mit freundlichen Grüßen

____

Datum, Ort Unterschrift

____

Beglaubigungsvermerk

Anschrift des Vermieters/der Hausverwaltung

Name

Straße

PLZ, Ort

Telefon

Mobil

E-Mail

Datum, Ort

Außerordentliche Kündigung des Mietvertrags wegen eines Todesfalls

Sehr geehrte Damen und Herren ______________________________

hiermit kündige ich den Mietvertrag der Wohnung in der

______________________________ ______ ______

Straße und Hausnummer | Etage | Lage

______ ______________________________

Postleitzahl | Ort

fristgerecht zum ______________ (ab Monatsende in 3 Monaten)

Ihr/e Mieter/in Herr/Frau ______________________ ist am ____________ verstorben.

Anbei erhalten Sie die Kopie der Sterbeurkunde. Ich bin sein/ihr Erbe.
Bitte bestätigen Sie mir die Kündigung.

Mit freundlichen Grüßen

____

Unterschrift

Anschrift des Versorgers

Name

Straße

PLZ, Ort

Telefon

Mobil

E-Mail

Datum, Ort

Kündigung des Versorgungsvertrags wegen eines Todesfalls

Sehr geehrte Damen und Herren, ______________________

aufgrund des Todes von Herrn/Frau ______________________ am __________

kündige ich den Vertrag über die Lieferung von Strom/Wasser/Gas für die Wohnung in der

Straße und Hausnummer | Etage | Lage

Postleitzahl | Ort

Zählerstand Strom ______________

Zählerstand Wasser ______________

Zählerstand Gas ______________

Mit dem Eingang dieses Kündigungsschreibens erlischt automatisch auch die Ihnen gegebenenfalls erteilte Einzugsermächtigung zum Einzug der Abschläge vom Konto des/der Verstorbenen.

Anbei erhalten Sie die Kopie der Sterbeurkunde. Ich bin sein/ihr Erbe. Bitte bestätigen Sie mir die Kündigung und lassen Sie mir eine Endabrechnung zukommen.

Mit freundlichen Grüßen

Unterschrift

Versicherungsträger und Abteilung

Name

Straße

PLZ, Ort

Telefon

Mobil

E-Mail

Datum, Ort

Kündigung der ________________________________versicherung

Versicherungsnummer: ________________________________

Sehr geehrte Damen und Herren, ________________________

hiermit kündige ich den oben genannten Versicherungsvertrag mit sofortiger Wirkung.

Die versicherte Person, Herr/Frau ________________________________

ist am ________________ verstorben.

Ich bin sein/ihr Erbe.
Anbei erhalten Sie folgende Dokumente:

Versicherungsschein im Original
Sterbeurkunde in Kopie

Ich bitte um schriftliche Bestätigung der Kündigung. Mit dem Eingang dieses Schreibens erlischt automatisch auch die Ihnen gegebenenfalls erteilte Einzugsermächtigung zum Einzug der Versicherungsbeiträge vom Konto des/der Verstorbenen. Ich bitte um Erstattung von überzahlten Beiträgen auf das Ihnen bekannte Abbuchungskonto.

Mit freundlichen Grüßen

Unterschrift

Anschrift des Telekommunikationsunternehmens

Name

Straße

PLZ, Ort

Telefon

Mobil

E-Mail

Datum, Ort

Kündigung wegen eines Todesfalls: ☐ **Mobilfunkvertrag** ☐ **Festnetzanschluss**

Kundennummer: ______________________________

Sehr geehrte Damen und Herren, ______________________________

hiermit kündige ich den auf oben genannte Kundennummer laufenden Anschluss mit sofortiger Wirkung, hilfsweise zum nächstmöglichen Termin.

Der Anschlussinhaber, Herr/Frau ______________________________

ist am ________________ verstorben.

Ich bin sein/ihr Erbe. Anbei erhalten Sie die Kopie der Sterbeurkunde.

Mit dem Eingang dieses Schreibens erlischt automatisch auch die Ihnen gegebenenfalls erteilte Einzugsermächtigung zum Einzug der monatlichen Gebühren vom Konto des/der Verstorbenen. Bitte bestätigen Sie mir die Kündigung und teilen Sie mir den genauen Beendigungszeitpunkt des Vertrags mit.

Mit freundlichen Grüßen

____

Unterschrift

Anschrift des Vereins

Name

Straße

PLZ, Ort

Telefon

Mobil

E-Mail

Datum, Ort

Kündigung wegen eines Todesfalls

Sehr geehrte Damen und Herren, ______________________

hiermit zeige ich Ihnen an, dass Ihr Mitglied, Herr/Frau ______________________

am ______________________ verstorben ist.

Anbei erhalten Sie eine Kopie der Sterbeurkunde. Ich bin sein/ihr Erbe.

Sollte er/sie Ihnen eine Einzugsermächtigung für fällige Beiträge erteilt haben, so widerrufe ich diese mit sofortiger Wirkung.

Ich bitte um schriftliche Bestätigung.

Mit freundlichen Grüßen

Unterschrift